DAS WILDE
FUSSBALL
BUCH

Die Deutsche Bibliothek – CIP-Einheitsaufnahme
Ein Titeldatensatz für diese Publikation ist bei
Der Deutschen Bibliothek erhältlich
ISBN 3-8315-0500-4

Grafik: Norbert Maier/dreamotion media GmbH
Lektorat: Gabi Strobel
Printed in Germany
ISBN 3-8315-0500-4

Gesamtverzeichnis schickt gern: Baumhaus Buchverlag GmbH,
Juliusstraße 12, D-60487 Frankfurt am Main
http://www.baumhaus-verlag.de

5 4 3 05 06 2007

Joachim Masannek

Norbert Maier
Jan Birck

Das Wilde Fußball-Buch

BAUMHAUS VERLAG

Inhalt

DIE WILDEN KERLE™

Hallo! Da seid ihr ja endlich.

Ich heiße Joachim Masannek und ich bin der Autor und Trainer der Wilden Fußballkerle, die es in Wirklichkeit gibt. Ja, das stimmt. Das ist absolut wahr. Dafür leg ich meine beiden Beine ins Feuer. Aber deshalb wundere ich mich, dass ihr Mumm genug habt und euch an das Wilde Buch traut.

Hoppla! Jetzt zögert ihr. Hab ich Recht?

Aber da gibt es gar nichts zu spaßen. Ich weiß nämlich, was das für Konsequenzen für euch haben wird. Ich meine, wenn ihr dieses Buch ganz genau lest – von Anfang bis zum Ende. Ja, passt jetzt gut auf: Dann gibt es kein Zurück mehr für euch! So ist das nun mal, wenn man wild sein will. Entschuldigung: gefährlich und wild natürlich. Und was das heißt, das möchte ich euch in diesem Buch erklären. Darin lest ihr etwas über das Wilde Land, in dem die Wilden Fußballkerle regieren, in dem es aber auch eine Nebelburg gibt, den Finsterwald und die Ratten von außergewöhnlicher Größe. Ihr lest etwas über Säbelzahntiger, die Zahnspangen tragen, und über Haifische mit einem Kringelschwanz. Ihr lernt die wichtigsten Wilde-Fußballkerle-Schimpfwörter und ihr lernt auf tausend Arten zu lächeln. Ihr erfahrt die Namen der Stille und Angst und ganz viel über die Wilden Kerle. Ja, und am Ende wisst ihr dann ganz genau, ob ihr selbst ein Wilder Fußballkerl seid oder wie ihr es werden könnt.

Aber Vorsicht! Davor hab ich euch schon am Anfang gewarnt. Wenn ihr euch wirklich traut, wenn ihr wirklich wild werdet – gefährlich und wild, meine ich – dann gibt's kein Zurück. Dann werdet ihr es für immer bleiben. Und dann gilt auch für euch und für alle Zeiten der Wilde-Kerle-Gruß und Kampfschrei:

„Alles ist gut!"

„Solange du wild bist!"

„Sei wild!"

„Gefährlich und wild!"

„Eins! Zwei! Drei!"

„RAAAAAAH!"

DAS WILDE KERLE LAND

Das Wilde-Kerle-Land ist ein Land mitten in der wirklichen Welt.

Oder nein, die alltägliche Welt ist dafür ein viel besseres Wort. Denn sonst würde ich ja behaupten, das Wilde-Kerle-Land wäre erfunden. Aber das ist es nicht. Worauf ihr Gift nehmen könnt! Das Wilde-Kerle-Land gibt es in Wirklichkeit. Das ist die wirkliche Welt. Nur nicht für die meisten Erwachsenen.

Die sind nämlich in der alltäglichen Welt wie die Muggels in Harry Potter. Für die existiert die Winkelgasse genauso wenig wie Hogwarts. Für die ist der Teufelstopf nicht der Hexenkessel aller Hexenkessel, sondern ein Bolzplatz wie jeder andere auch, und sie würden nie im Leben Kopf und Kragen riskieren und alles geben, was in ihnen steckt, um ihn gegen jemanden zu verteidigen.
Versteht ihr das, was ich euch da erzähle? Ich meine, für die Wilden Kerle ist es nämlich ziemlich egal, wo sich eine Bushaltestelle befindet oder die Post, das Rathaus oder die Feuerwehr.
Die Wilden Fußballkerle haben ihre eigenen Orte, die für sie wichtig sind, und die haben, genauso wie die Menschen, die in ihnen leben, ihre eigenen und besonderen Namen.

Versteht ihr mich jetzt?

Nun, falls nicht, dann müsst ihr euch nur eine Sache vorstellen. Dass ihr um Mitternacht über den Friedhof geht, nachdem ihr euch zwei Stunden zuvor die schrecklichsten Gruselgeschichten erzählt habt. Das, was ihr dann in den Schatten und Gräbern vermutet, hat nichts mehr mit dem zu tun, was ihr tagsüber seht.

Doch in diesem Moment ist es genauso wirklich für euch.

Denn sonst hättet ihr überhaupt keine Angst. Hab ich Recht? Mir geht es auf jeden Fall so, wenn ich das tu. Und wenn die Wilden Fußballkerle das tun, ist der Friedhof kein Friedhof mehr, sondern der Hottentottenalptraumort. Oder ein anderes Beispiel: Nehmt eure Bikes. Wie oft werden sie Motorräder oder Ponys für euch, auf denen ihr durch den Wind fliegt? Und in dem Moment sind sie das auch. Ich kann mich daran noch ganz gut erinnern. Genauso wie an meine Wasserpistolen, mit denen ich die eine oder andere Laserschlacht schlug.

Ja, davon spreche ich, wenn ich über das Wilde-Kerle-Land schreibe. Und doch gibt es noch einen Unterschied. Die Wilden-Fußballkerle machen ihre Welt wahr. Camelot, das Baumhaus gibt es in echt und ihre Abenteuer erleben sie nicht nur im Fernsehen oder auf ihren Computern. Die finden in Wirklichkeit statt, und ich muss keinem von euch erzählen, dass das viel besser ist. Oder wollt ihr etwa behaupten, dass es schöner ist, im Fernsehen ein Fußballspiel anzuschauen, als selber das Siegestor zu schießen, he? Also, was ihr hier findet, ist eine Karte vom Wilde-Kerle-Land, so wie es für die Wilden Fußballkerle definitiv existiert. Und so wie auf jeder anderen Abenteuerlandkarte findet ihr noch viele weiße Flecken darauf.

Die Wilden Fußballkerle sind nämlich genau wie ihr. Sie müssen noch viele Abenteuer erleben und wenn sie das tun, entdecken und erobern sie jedes Mal mehr.

21
31
30
28
29
4
27
32
23
6
7
8
25
24
26
11
18
19
DiE WiLDEN
KERLE

Die östliche Seite des Flusses:

Die Häuser der Wilden Kerle:

1 **Hubertusstraße 58**
Das Haus von Leon und Marlon.

2 **Fasanengarten 4**
Das Haus von Fabi.

3 **Das Haus schräg gegenüber**
Das Haus von Juli und Joschka.

4 **Die piekfeine Alte Allee Nr. 1**
Das Haus von Maxi.

5 **Rosenkavaliersgasse 6**
Das Haus von Raban.

6 **Karl-Valentin-Straße 11**
Die Mietswohnung von Felix.

7 **Villa neben dem Waisenhaus**
Das Haus von Markus.

8 **Das Haus der Sonne**
Das Waisenhaus, in dem Jojo lebt, wenn seine Mutter keine Zeit für ihn hat.

9 **Waldfriedhofstraße 7**
Das Hexenhaus von Vanessa.

10 **Himmelstor 13**
Das Haus von Rocce.

11 **Carl-Orff-Bogen 9**
Das Mietshaus, in dem Deniz wohnt.

1

4

10

12

14

Die Wilden Orte:

12 Der Teufelstopf

Der Bolzplatz der Wilden Kerle, der von Willi zum Teufelstopf umgebaut worden ist. Mit einer Baustrahler-Flutlichtanlage.
Seit dem Kampf gegen die Flammenmützen aus der Nebelburg besitzt der Hexenkessel aller Hexenkessel, das Stadion der Wilden Fußballkerle e. W. auch 4 Wachttürme. Wehrgänge laufen am Holzzaun entlang und das Eingangstor wird durch eine Zugbrücke gesichert.
Der Teufelstopf ist der Mittelpunkt, das Herzstück des Wilden-Kerle-Lands.

13 Der alte Wohnwagen

Hier lebt Willi im Teufelstopf.

14 Der Kiosk

Hier arbeitet Willi im Teufelstopf, wenn er die Wilden Fußballkerle nicht trainiert.

15 Das Geheimtürenrohr

Durch dieses enge und modrige Rohr krabbelt Joschka bei Nacht in den Teufelstopf, um Wilson „Gonzo“ Gonzales, den blassen Vampir, ganz allein zu besiegen.

16 **Der Sprinthügel**

Auf dem Hügel vor dem Teufelstopf gibt Vanessa immer den Befehl zum Sprint. Nur wer sie darin besiegt, kann beim nächsten Mal den Wilden Pulk anführen: das Geschwader der Wilde-Kerle-Bikes.

17 **Camelot I**

Das dreistöckige Baumhaus, das Juli und Joschka in ihren Garten gebaut haben, ist die Zentrale der Wilden Fußballkerle e. W. Das unterste Stockwerk ist „die Halle“ und das oberste heißt „der Turm“. Vor der Schlacht gegen den Dicken Michi wurde Camelot I zur Festung ausgebaut. Mit Falltüren, Fangnetzen, einer Dampfstrahlerwumme und einer Federkanone.
Im Kampf gegen die Flammenmützen wurde es leider zerstört, doch danach wurde es als Camelot II noch größer und prächtiger wieder errichtet.

18 **Die Wiese bei der Brücke über dem Fluss**

Auf der holprigen, sumpfigen und von Felsböcken übersäten Wiese trainiert Willi die Wilden Kerle für ihr erstes entscheidendes Match gegen den Dicken Michi und seine Unbesiegbaren Sieger.

17

18

19

20

19 Der Winterlagerfeuerplatz

Der Winterlagerfeuerplatz befindet sich auf der Wiese bei der Brücke über dem Fluss. Hier erzählt Willi den Wilden Kerlen bei einem nächtlichen Lagerfeuer mit Würsten und Wilde-Kerle-Punsch zum ersten Mal von der Hallenstadtmeisterschaft.
Und von hier aus brechen die Wilden Kerle zum ersten Mal zur Geheimhalle auf.
Auf der unbekannten anderen Seite des Flusses.

20 Die Mutprobenbrücke

Die alte Holzbrücke führt in sechs Metern Höhe über den Kanal. Hier absolvieren die Wilden Fußballkerle die Mutprobe, die ihnen der Revolverheld aufgetragen hat, damit sie das Spiel gegen die Bayern bestehen und Rocce, den Zauberer, in ihr Team zurückholen können.

21 Die Nebelburg

Das Internat mitten in der Stadt. Hier leben die Flammenmützen. Eine dreizehnköpfige Skatergang aus 13- bis 15-jährigen Jungen und Mädchen. Ihr Anführer nennt sich Wilson „Gonzo" Gonzales, der blasse Vampir, und weil der Fußball hasst, erklärt er den Wilden Kerlen den Krieg. Seine Freundin heißt Sexy James und sein Adjutant ist der schleimige und langnasige Pickels.

22 Der Obsthändler

In den Obststand des Obsthändlers donnert Raban, der Held, jedes Mal, wenn er mit seinem Zwölf-Zoll-Mountainbike mit dem Traktorhinterradreifen aus der Toreinfahrt rast.

23 Die Säbener Straße

Das riesige und luxuriöse Trainingsgelände des FC Bayern

24 Der Bombentrichter

Das zerklüftete und natürliche Mountainbikesprungschanzengeländ e liegt am Steilufer des Flusses. Es ist seit Jahren gesperrt und deshalb der perfekte Ort für die Wilden Fußballkerle, um jemandem Angst einzujagen oder sogar für seinen Verrat zu bestrafen. Das passiert Vanessa vor ihrem Geburtstags-Fußballturnier und Fabi, nachdem er heimlich mit den Bayern trainiert.

Die Verbotene Zone:

25 Der Finsterwald

Die Grenze zwischen dem Wilde-Kerle-Land und dem Reich der Unbesiegbaren Sieger. Dort traut sich außer Juli „Huckleberry“ Fort Knox kein Wilder Fußballkerl freiwillig hinein.

26

28

29

26 Die Alte Ruine
Das alte zerfallene Schlosstor steht mitten im Finsterwald und bildet die Grenze zwischen Böse und Gut.

27 Der Brennnesselwall oder Brennnesselgraben
Die mannshohen Brennnesseln sind die letzte Warnung und Abschreckung, bevor man „die Steppe" betritt.

28 Die Steppe
Das Müll übersäte und mit milchigem Gras bewachsene Brachland erstreckt sich vom Finsterwald bis weit hinter den Horizont. Hier herrschen die R.v.a.G.'s – die „Ratten von außergewöhnlicher Größe".

29 Die Graffiti-Burgen
Die drei Mietskasernen erheben sich wie drei dunkle Türme aus der Steppe heraus. Sie sind von oben bis unten mit Graffitis zugeschmiert, die keinen anderen Zweck haben sollen, als jedem Angst einzujagen, der nicht dorthin gehört. In den Graffiti-Burgen hausen der Dicke Michi und seine Unbesiegbaren Sieger. Hier wohnt aber auch Julis und Joschkas Vater, der LKW-Fahrer.

30
Der Horrorsternschnuppenwall
Hinter den Graffiti-Burgen läuft ein Wall durch die Steppe. Auf ihm steht ein zehn Meter hoher, alter, ausrangierter Strompfeiler, von dem ein langes Stahlseil zu den Garagen der Mietskasernen führt. Hier lassen die Unbesiegbaren Sieger ihre Beute als Sternschnuppen fliegen und hier besteht Juli seine Aufnahmeprüfung, durch die er ein Unbesiegbarer Sieger werden soll.

31
Das Räubernest
Noch hinter den Graffiti-Burgen und dem Horrorsternschnuppenwall versteckt sich das Räubernest in der Steppe. Hier herrscht der fette Vetter mit der Roboterstimme, der Räuberhauptmann, Michis Cousin. Und hier holen sich die Unbesiegbaren Sieger die Belohnung für ihre Beute. Hier kaufen sie alle Süßigkeiten ein, die man sich vorstellen kann.

32
Das Geheimversteck von Leon und Fabi
Der unterirdische Flugzeughangar liegt in der Tiefe der Steppe. Er wird Leons und Fabis neuer Geheimtreffpunkt, nachdem sie ihren ersten opfern mussten, damit die Wilden Fußballkerle eine Halle zum Trainieren bekommen.

30

31

32

35

36

37

In dem unterirdischen Hangar steht eine P 51 Twin Mustang, das schnellste Motorflugzeug der Welt. Das Flugzeug und der Eingang zum Hangar werden vom Alten Fritz und seinen Ratten bewacht.

Die westliche Seite des Flusses:

33 Die Magische Furt
Sie führt durch den Fluss auf das bisher unbekannte, westliche Ufer.

34 Der Wilde Wald
Er liegt am von Felswänden und Schluchten durchzogenen westlichen Uferstreifen des Flusses.

35 Die Gespensterbrücke
Die alte Brücke mit dem löchrigen Steg führt über eine der Schluchten des Wilden Walds zur Geheimhalle der Wilden Kerle.

36 Das Fauchende Tor
Das große, rostige Eingangstor zur Geheimhalle, das ächzend und knarrend in den Angeln erbebt, wenn man es öffnet.

37 Die Geheimhalle
Das alte Bergwerk ist Leons und Fabis Geheimversteck, bevor sie es an ihre Freunde verraten, um eine Fußballhalle aus ihr zu machen.
In ihr trainieren die Wilden Fußballkerle für die Hallenstadtmeisterschaft.

Deutschland
1,44€

WILDE STECKBRIEFE

Die Wilden Briefe sind Steckbriefe, die den Grad der Wildheit der Wilden Fußballkerle beschreiben und dokumentieren. Hier könnt ihr fast alles über sie erfahren. Zumindest alles, was die Wilden Kerle preisgeben wollen. Ein paar Geheimnisse behalten sie natürlich für sich. Aber die hat ja jeder von euch.

Und die Steckbriefe sind zudem ein Spiel.

Wenn ihr sie euch kopiert und ausschneidet und mit den Steckbriefen, die ihr selbst von euch macht, zusammenlegt, dann erhaltet ihr ein Wilde-Fußballkerle-Quartett. Dann könnt ihr gegeneinander spielen, vorausgesetzt ihr legt eine Rangordnung fest, was die einzelnen Rubriken betrifft. Je nachdem, wie viele Karten ihr habt, müsst ihr jede Rubrik auf dem Steckbrief von eins bis zur Höchstkartenzahl bewerten. Zum Beispiel beim Lieblingsbuch. Sucht euch das aus, was für euch am wildesten ist, und gebt ihm die höchste Punktzahl. Dann geht ihr Schritt für Schritt um einen Zähler zurück und wenn zwei Bücher gleich wild sind, erhalten sie natürlich die gleiche Punktzahl, und so weiter und so fort.

Leon, der Slalomdribbler, Torjäger und Blitzpasstorvorbereiter

Richtiger Name:	Leon Finn Wessel-Masannek
Wohnort:	Hubertusstraße 58
Geboren am:	23.12.1992
Sternzeichen:	Steinbockige Affenschneegans
Funktion:	Mittelstürmer
Rückennummer:	13
Spezialität:	Seitrückfaller, Torpedoflugkopfball, Blitzpasstorvorlage, Salto-Mortale-Fallrückzieher, Ohrläppchenwuselhasenspitztor
Schimpfwort:	Kacke verdammte!
Eigenschaften:	gibt nie auf; Anführer der Wilden Fußballkerle
Fahrrad:	Spezial-Motocross-BMX
Lieblingsessen:	Pfannkuchen
Lieblingsgetränk:	Powerrade blau
Lieblingssüßigkeit:	Saure Pommes
Lieblings-TV-Sendung:	Typisch Andy
Lieblingsfilm:	Bruce Allmächtig
Lieblingsbuch:	keins
Wilde Taten:	Fordert den Dicken Michi heraus. Wirft Joschka und Raban aus der Mannschaft. Schreibt mit Felix die Wilde-Fußballkerle-Satzung. Schenkt den Wilden Kerlen zusammen mit Fabi die Geheimhalle. Versteht Maxis Hilferuf „Schlotterbein und Tarzanschrei!"

Kopfgeld: **12.660**

Marlon, die Nummer 10

Richtiger Name:	Marlon David Wessel
Wohnort:	Hubertusstraße 58
Geboren am:	23.04.1991
Sternzeichen:	Erdiger Stierziegenbiber
Funktion:	Mittelfeldregisseur
Rückennummer:	10
Spezialität:	perfekter Pass in den Raum; Alptraumpass; spielt, als hätte er eine Tarnkappe auf; Zauberbesenflugbogentor
Schimpfwort:	Krumpelkraut und Krapfenkrätze!
Eigenschaft:	Herz der Mannschaft und des Teams
Fahrrad:	Motocross-Mountainbike mit extra dicker Bereifung
Lieblingsessen:	Salat „durcheinander"
Lieblingsgetränk:	selbst kreierte Milch-Shakes; Cherry-Coke
Lieblingssüßigkeit:	keine
Lieblings-TV-Sendung:	keine
Lieblingsfilm:	Pearl Harbour; Känguruh Jack; Der Grinch
Lieblingsbuch:	Die Wilden Fußballkerle, insbesondere Band 10
Wilde Taten:	Entwirft Wilde-Fußballkerle-Trikots, Logos und Piratenschatzkartenspielerverträge. Verhilft Vanessa zum Sieg bei ihrem Geburtstags-Fußballturnier. Organisiert die Horrorgruselnacht für Maxi.

Kopfgeld: **12.710**

Fabi, der schnellste Rechtsaußen der Welt

Richtiger Name:	Fabi Bau
Wohnort:	Fasanengarten 4
Geboren am:	20.06.1992
Sternzeichen:	Zwillingsaffenhirsch
Funktion:	Rechtsaußen
Rückennummer:	4
Spezialität:	Hasta-la-vista-bombastischer-Turbo-Dampfhammervolley
Schimpfwort:	Heiliger Muckefuck!
Eigenschaften:	unwiderstehliches Lächeln; Haken- und Problemspezialist; mag Mädchen; wildester unter Tausend
Fahrrad:	Mountainbike mit dem Spezial-Sprint-Hinterrad
Lieblingsessen:	Salat „durcheinander“
Lieblingsgetränk:	Apfelsaftschorle
Lieblingssüßigkeit:	Center Shocks
Lieblings-TV-Sendung:	Typisch Andy
Lieblingsfilm:	Tripple X
Lieblingsbuch:	Harry Potter
Wilde Taten:	Befreit Maxi vom Hausarrest. Macht Maxis Vater ein Angebot, das dieser nicht ablehnen kann.
Kopfgeld:	12.550

Maxi „Tippkick" Maximilian, der Mann mit dem härtesten Schuss auf der Welt

Richtiger Name:	Maxi Maximilian
Wohnort:	Piekfeine Alte Allee 1
Geboren am:	12.03.1992
Sternzeichen:	Affenfischpuma
Funktion:	Defensives Mittelfeld
Rückennummer:	11
Spezialität:	härtester Schuss auf der Welt,
Schimpfwort:	Dampfhammerbeine, Trippel-M.S. GTI Wild Schlotterbein und Tarzanschrei!
Eigenschaften:	Ist ein Mann der Tat. Redet nie, selbst nicht, wenn er telefoniert. berühmtes, lautloses grinsendes Lächeln
Fahrrad:	Pakka-Mountainbike mit Cruiserlenker und Motorradscheinwerfer
Lieblingsessen:	Pommes mit Ketschup
Lieblingsgetränk:	Malzbier
Lieblingssüßigkeit:	keine
Lieblings-TV-Sendung:	Fußballbundesliga
Lieblingsfilm:	Die Wilden Kerle
Lieblingsbuch:	Die Wilden Fußballkerle Band 7
Wilde Taten:	Besiegt den ewigen Winter, indem er seinem Vater einen Globus durch die Wohnzimmerfensterscheibe hindurch an den Kopf schießt. Bricht zwei Mal sein Schweigen: 1. Damit die Wilden Fußballkerle den Mut finden, um gegen den Dicken Michi zu spielen. 2. Damit die Wilden Kerle Juli aus den Händen des Dicken Michi befreien.
Kopfgeld:	11.130

Raban, der Held

Richtiger Name:	Raban Bieling
Wohnort:	Rosenkavaliersgasse 6
Geboren am:	09.06.1993
Sternzeichen:	Hahnzwillingshirsch
Funktion:	Ersatztorjäger
Rückennummer:	99 (für die 99fache Unberechenbarkeit)
Spezialität:	falscher Fuß, kein falscher Fuß, Billardtor
Schimpfwort:	Verflixte Hühnerkacke! Hottentottenalptraumnacht! Pechschwefliges Rübenkraut! Sakra-Rhinozerospups! Dampfender Honigkuchenpferdeapfel! Schwabbelbäuchiger Weltraumpups! u. v. m.
Eigenschaften:	Ist absolut treu. Trägt einen Spiderman-Schlafanzug und redet mit seinem Spiegelgeist.
Fahrrad:	Zwölf-Zoll-Mountainbike mit Traktorhinterradreifen
Lieblingsessen:	alles
Lieblingsgetränk:	Wasser
Lieblingssüßigkeit:	Schokolade
Lieblings-TV-Sendung:	keine
Lieblingsfilm:	Stuart Little; Gullivers Reisen
Lieblingsbuch:	Lederstrumpf
Wilde Taten:	Holt Willi zurück, als im Match gegen den Dicken Michi alles verloren scheint. Schießt das Siegestor in diesem Spiel. Glaubt an das Fußballorakel und traut sich als Einziger, es zu befragen. Hat die Vision der Wilden Fußballkerle: Ihre Teilnahme an der Weltmeisterschaft 2006!
Kopfgeld:	9.999

Juli „Huckleberry“ Fort Knox, die Viererkette in einer Person

Richtiger Name: Juli Reik
Wohnort: Im Haus schräg gegenüber von Fabi
Geboren am: 14.01.1992
Sternzeichen: Ziegenschneeganssteinbock
Funktion: Letzter Mann
Rückennummer: 8
Spezialität: Viererkette in einer Person
Schimpfwort: Kreuzdings und Hühnerwas! Kreuzhühnerkümmelkack! Kreuzhuhn und Kümmelkack! Kreuzkacke und Hühnerkümmel! Kreuzkackendes Kümmelhuhn! Kreuzkümmelige Hühnerkacke! Kreuzkümmelhuhn! Kreuzkümmel und Hühnerkacke! Kümmelkreuz und Hühnerkacke!
Eigenschaften: einzelgängerisch, eigenbrödlerisch
Fahrrad: Beiwagenfahrrad
Lieblingsessen: Essen ist lästig
Lieblingsgetränk: Wasser
Lieblingssüßigkeit: Apfelkuchen
Lieblings-TV-Sendung: Dinos
Lieblingsfilm: Johnny English; Indiana Jones; Tom Sawyer und Huckleberry Finn
Lieblingsbuch: Die Wilden Fußballkerle Band 4
Wilde Taten: Findet seinen Vater jenseits des Finsterwalds und der Steppe in den Graffiti-Burgen. Beschützt seinen Bruder vor dem Dicken Michi. Rettet das Unentschieden im allerersten Spiel im Teufelstopf.

Kopfgeld: **8.500**

Joschka, die siebte Kavallerie

Richtiger Name: Joschka Reik
Wohnort: Im Haus schräg gegenüber von Fabi
Geboren am: 07.03.1996
Sternzeichen: Pumafischschwein
Funktion: Allerletzter Mann
Rückennummer: X (Joker-X)
Spezialität: Torverhinderungsgrätsche
Schimpfwort: Extra-touristische Tellergans!
Terro-touristischer Monster-Rex!
Transtouristischer Obersilvane!
Pickel-Pinocchio!
Ratzfatz-Tattata-Bumm!
Igitt! Kotz! Und Bäh!
Eigenschaften: frech und furchtlos
Fahrrad: Rakentenrennrad
Lieblingsessen: Zauberdrauf bzw. Überraschungswurstkäse-marmeladenquarkmurks,
Fischstäbchensandwich
Lieblingsgetränk: Malzbier
Lieblingssüßigkeit: Heißer Kakao
Lieblings-TV-Sendung: Dinos
Lieblingsfilm: Eiszeit
Lieblingsbuch: Die Hexe Staraja Riba und der Allmächtige Pink
Wilde Taten: Erringt zusammen mit Socke den Sieg gegen den Dicken Michi.
Befreit den Teufelstopf von den Flammenmützen.

Kopfgeld: **6 x 3000**

Felix, der Wirbelwind

Richtiger Name:	Felix Thörl
Wohnort:	Karl-Valentin-Straße 11
Geboren am:	25.05.1992
Sternzeichen:	Affenzwillingshirsch
Funktion:	Linksaußen
Rückennummer:	7 (Die magische 7)
Spezialität:	Tieffliegerflugkopfball
Schimpfwort:	Verflixt!
Eigenschaft:	So ernst, dass er wieder komisch ist. Hat Asthma, wenn er Angst hat.
Fahrrad:	Strandseglerdreirad mit Seeräuber-Wikingersegel
Lieblingsessen:	Pfannkuchen
Lieblingsgetränk:	Apfelsaftschorle
Lieblingssüßigkeit:	Lakritze
Lieblings-TV-Sendung:	Fußballbundesliga
Lieblingsfilm:	Die Wilden Kerle
Lieblingsbuch:	Die Wilden Fußballkerle Band 2
Wilde Taten:	Eiswürfelfieberthermometertrick. Erfindet den Wilden-Kerle-Gruß. Redet mit dem Revolverhelden. Schreibt zusammen mit Leon die Wilde-Fußballkerle-Satzung. Gewinnt Rocce für die Wilden Kerle zurück.

Kopfgeld: **Elftausendelf**

Markus, der Unbezwingbare

Richtiger Name:	Markus von Theumer
Wohnort:	Villa neben dem Waisenhaus
Geboren am:	01.12.1992
Sternzeichen:	Schützenelchaffe
Funktion:	Torwart
Rückennummer:	1
Spezialität:	hält alles, was unhaltbar ist
Schimpfwort:	Dampfender Teufelsdreck!
Eigenschaften:	will kein Golfprofi werden
Fahrrad:	Bäckerrad-Seifenkisten-Flakschiff
Lieblingsessen:	Schnitzel
Lieblingsgetränk:	Apfelsaftschorle
Lieblingssüßigkeit:	Kaugummi
Lieblings-TV-Sendung:	Heimspiele des FC Bayern
Lieblingsfilm:	Kick it like Beckham!
Lieblingsbuch:	Tigerteam-Bücher
Wilde Taten:	Ihm gelingt es, zusammen mit Edgar, dem Pinguin, dass die Wilden Fußballkerle die Bayern mit einem Zeitungsartikel herausfordern, der die Schlagzeile hat: „Die Bayern sind den Wilden Kerlen nicht wild genug!“

Kopfgeld: 9.100

Jojo, der mit der Sonne tanzt

Richtiger Name:	Jojo
Wohnort:	Haus der Sonne; Waisenhaus
Geboren am:	01.04.1992
Sternzeichen:	Roter Widderaffenhabicht
Funktion:	Linksaußen
Rückennummer:	12
Spezialität:	Tanzt in geflickten Sandalen durch die Reihen der Gegner
Schimpfwort:	Verdammich nochmal!
Eigenschaften:	bescheiden, ängstlich, treu
Fahrrad:	Bäckerrad-Seifenkisten-Flaggschiff
Lieblingsessen:	alles
Lieblingsgetränk:	Wasser
Lieblingssüßigkeit:	Trüffel-Pralinen
Lieblings-TV-Sendung:	Tom und Jerry
Lieblingsfilm:	Eiszeit
Lieblingsbuch:	Robinson Crusoe; Die Schatzinsel
Wilde Taten:	Bringt Markus zu den Wilden Fußballkerlen.

Kopfgeld: **7.000**

Vanessa, die Unerschrockene

Richtiger Name:	Vanessa Butz
Wohnort:	Waldfriedhofstraße 7
Geboren am:	08.09.1992
Sternzeichen:	Jungfrauaffenbraunbär
Funktion:	Mittelfeld
Rückennummer:	5
Spezialität:	Blitzlichtdoppelpass Rosa-Pumps-Elfmeter
Schimpfwort:	Schitte! Oh, schitte! Kacke verdammte!
Eigenschaften:	dickköpfig; witzig; weiß, was sie will; beste Fahrradrennfahrerin der Wilden Kerle
Fahrrad:	Pakka-Fully-Mountainbike mit extra dickem Hinterradreifen
Lieblingsessen:	Ei-Shake zum Frühstück
Lieblingsgetränk:	Apfelsaftschorle
Lieblingssüßigkeit:	Wilde-Kerle-Geburtstagskuchen
Lieblings-TV-Sendung:	King of Queens
Lieblingsfilm:	Shrek
Lieblingsbuch:	Oceanwide
Wilde Taten:	Besiegt die Wilden Fußballkerle auf ihrem Geburtstags-Fußballturnier. Findet heraus, dass Juli vom Dicken Michi erpresst wird.

Kopfgeld: 12.110

Rocce, der Zauberer

Richtiger Name:	Rocce Ribaldo
Wohnort:	Himmelstor 13
Geboren am:	17.08.1992
Sternzeichen:	Wasseraffenlöwenstör
Funktion:	Linkes Mittelfeld
Rückennummer:	19
Spezialität:	Der Blitzangriff, der Schuss aus der Hüfte
Schimpfwort:	Santa Panther! Santa Panther und Jaguar! Santa Panther im Raubkatzenhimmel! Verschleimter Alligatorenrotz! Südbrasilianische Meerschweinchenpisse!
Eigenschaften:	abergläubisch
Fahrrad:	Vierrädriges Strandbuggy-Rad
Lieblingsessen:	Fisch mit Klößen
Lieblingsgetränk:	Wassermelonensaft
Lieblingssüßigkeit:	Kokosnuss
Lieblings-TV-Sendung:	South Park
Lieblingsfilm:	Scooby Doo
Lieblingsbuch:	Meine Hand auf Mexiko
Wilde Taten:	Bringt seinen Vater dazu, die Trikots der Wilden Fußballkerle zu sponsern.

Kopfgeld: **9.000**

Deniz, die Lokomotive

Richtiger Name:	Deniz Sarsilmaz
Wohnort:	Carl-Orff-Bogen 9
Geboren am:	16.03.1992
Sternzeichen:	Pumaaffenfisch
Funktion:	Stürmer überall
Rückennummer:	18
Spezialität:	Lokomotivenalleingang
Schimpfwort:	Fliegender Orientteppich! Dreibeiniger Ochsenfrosch!
Eigenschaften:	so blind wie Raban, ehrgeizig, furchtlos
Fahrrad:	Skateboardkufen-Mountainbike
Lieblingsessen:	Salat und alles, was grün ist
Lieblingsgetränk:	Cola
Lieblingssüßigkeit:	Süßigkeiten, igitt!
Lieblings-TV-Sendung:	Tiersendungen
Lieblingsfilm:	keiner
Lieblingsbuch:	Die Wilden Fußballkerle Band 5
Wilde Taten:	Fährt allein durch die ganze Stadt, um zu den Wilden Kerlen zu gehören. Taxifahrertrick, Tabakhändlertrick. Fordert Leon zum Fußballduell und holt ihn und Fabi so in die Mannschaft zurück.
Kopfgeld:	7.755

Willi, der beste Trainer der Welt

Richtiger Name:	Willi
Wohnort:	Wohnwagen im Teufelstopf
Geboren am:	05.10.1962
Sternzeichen:	Rabentigerwaage
Funktion:	Bester Trainer der Welt
Rückennummer:	Chef-Coach
Spezialität:	war vielleicht einmal Fußballprofi
Schimpfwort:	Verfluchte Hacke! Verfluchte Streifenhacke! Verfluchte und vermaledeite kreuz und quer geeierte Streifenhacke!
Eigenschaften:	nimmt Kinder so ernst wie Erwachsene
Gefährt:	Altes Mofa
Lieblingsessen:	Würste
Lieblingsgetränk:	Bier
Lieblingssüßigkeit:	Dunkle Rittersport Nuss
Lieblings-TV-Sendung:	Muppets Show
Lieblingsfilm:	Lawrence von Arabien
Lieblingsbuch:	alle Bücher, die es gibt
Wilde Taten:	Bereitet das Baumhaus für die Schlacht um Camelot vor. Erzählt Raban vom Fußballorakel. Zeigt Joschka den Geheimeingang in den Teufelstopf, damit er die Flammenmützen besiegt.
Kopfgeld:	55.460

Socke, der Hund mit den Fledermausohren

Richtiger Name:	Socke
Wohnort:	Hubertusstraße 58
Geboren am:	10.10.2000
Sternzeichen:	Metalldrachenrabenwaage
Funktion:	Hund mit Fledermausohren
Rückennummer:	keine
Spezialität:	das Spiel: Alle gegen Socke!
Schimpfwort:	keins
Eigenschaften:	lieb, trotz ganz großer Zähne; kann grinsen
Fahrrad:	Beiwagenfahrrad (fährt im Beiwagen von Juli)
Lieblingsessen:	Harzer, Dosenfutter, Wild
Lieblingsgetränk:	dreckiges Wasser
Lieblingssüßigkeit:	Knochen
Lieblings-TV-Sendung:	Susi und Strolch
Lieblingsfilm:	Das Leben als Hund
Lieblingsbuch:	keins
Wilde Taten:	Bringt Leon das Abspielen bei. Verjagt den Dicken Michi aus dem Teufelstopf. Hindert den Dicken Michi nach der Schlacht um Camelot an der Flucht.
Kopfgeld:	5.005

WiLDE

WÖRTER

Abrakadabra-touristischer-Zauberstreich
nennt Joschka, die siebte Kavallerie, einen absolut hinterlistigen Trick.

Abrakadabra-Ehrenwort,
das ist das Ehrenwort, das Deniz, die Lokomotive, seiner Hortlehrerin Frau Hexerich gibt, als er sich in ein Mädchen verwandelt und sie austrickst, um am helllichten Tag auszubüchsen.

Absolut-touristisch
sagt Joschka, die siebte Kavallerie, an Stelle von total, sehr, völlig oder grenzenlos. Z.B.: Jetzt war ich absolut-touristisch verzweifelt!

Absolut mucksmäuschen-totenstill
beschreibt Maxi „Tippkick" Maximilian, der Mann mit dem härtesten Schuss auf der Welt, die Stille, die an Silvester auf Camelot herrscht, als alle Wilden Fußballkerle schwören, dass sie 2006 bei der Fußballweltmeisterschaft dabei sein wollen.

A

Achte Dimension
ist die Dimension 8, wie Joschka, die siebte Kavallerie, die Gruppe 8 der E1-Jugendmannschaften getauft hat, in der die Wilden Fußballkerle um die Meisterschaft spielen.

Alles ist gut, solange du wild bist!
lautet der Wilde-Fußballkerle-Gruß. Der Erste begrüßt den zweiten mit „Alles ist gut" und der Zweite antwortet mit: „Solange du wild bist!" Dann schlagen beide zum High Five ein. Der Gruß wurde von Felix, dem Wirbelwind, erfunden.

Allmächtiger Pink
ist der Rosane König aus Joschkas Lieblings-Gruselbuch. Er lebt auf den Wolken, die vor der untergehenden Sonne herfliegen und jeden Abend reitet der Allmächtige Pink auf seinen rosa Flamingos durch die Wolken hindurch und malt sie rosa an, damit sich die Menschen nicht vor der Dunkelheit fürchten. Denn in der herrscht Staraja Riba, die böseste Hexe der Welt.

Alptraumpass
heißt Marlons tödlicher Pass in den Raum.

Amateurkindergartenkicker
nennt Wilson „Gonzo“ Gonzales, der blasse Vampir und Anführer der Flammenmützen aus der Nebelburg, die Wilden Fußballkerle.

Amboss
ist das alte Holzfass, das die Wilden Fußballkerle im untersten Stockwerk ihres dreistöckigen Baumhauses, in der Halle von Camelot aufstellen, wenn Not am Mann ist oder wenn es etwas Wichtiges zu beschließen bzw. zu beschwören gibt.

Angeber-Angsthasenfußball
nennen die Wilden Fußballkerle ihr Spiel, wenn sie aus lauter Unsicherheit nicht mehr zusammenspielen und jeder nur noch für sich mit dem Kopf durch die Wand gehen will.

Angst fährt Achterbahn mit einem neunfachen Looping
beschreibt Maxi „Tippkick“ Maximilian die Angst, die er spürt, wenn es gefährlicher wird, als man es sich vorstellen kann.

Asthmas
nennen die Leute Felix, den Wirbelwind, die ihn nicht mögen und die ihn demütigen wollen, weil er immer dann Asthma bekommt, wenn er Angst hat oder sich nicht traut.

Auf den Mond schießen und danach direkt in die Hölle!
ist die Lieblingsbeschäftigung der Wilden Fußballkerle, wenn es darum geht, einen stärkeren, fiesen und gemeinen Gegner zu besiegen.

Aushilfsmonster in einer Kindergeisterbahn
nennt Raban, der Held, seinen Spiegelgeist, der ihm ziemlich eindrucksvoll und überzeugend einreden will, dass Raban kein Wilder Kerl ist.

B

Bäckerrad-Seifenkisten-Flakschiff
ist das Fahrrad von Jojo, der mit der Sonne tanzt, und Markus, dem Unbezwingbaren.

Ball-Dribbel-Trickkistentanz
tanzt Rocce, der Zauberer, wenn er auf einem Platz, der kleiner als eine Briefmarke oder ein Besenschrank ist, gleich drei Gegner auf einmal ausspielt.

Baustrahler-Flutlichtanlage
Willi baut sie, als er den Bolzplatz zum Teufelstopf erklärt, indem er an sechs Stangen, die er um das Spielfeld aufstellt, jeweils sechs Baustrahler befestigt. Die Baustrahler-Flutlichtanlage ist absolut heilig und sie wird nur ein einziges Mal – für Maxis Horrorgruselnacht – abmontiert und im Wilden Wald wieder aufgebaut, damit Maxi seine Stimme wiederfindet und seine Gummibeine verliert.

Billardtor
ist die Spezialität von Raban, dem Helden, mit dem er auch das Spiel des Fußballorakels für sich entscheidet. Leider gehört das Billardtor zum „Angeber-Angsthasen-Fußball", weil Raban es niemals mit Absicht schießt, sondern absolut wider Willen und aus Angst. Der Angst davor, dass er sich eingestehen muss, dass er gar nicht Fußball spielen kann.

Bimbam-Borium!
sagt Maxis jüngere Schwester, wenn ihr etwas so ungeheuerlich erscheint, dass „Heiliger Bimbam!" dafür nicht mehr ausreicht.

Baumrattenmonsterquatsch!
sagt der Dicke Michi, wenn ihm jemand einen Bären aufbinden will. Er glaubt nämlich, dass Baumratten viel gefährlicher sind. Doch in Wirklichkeit sind Baumratten Eichhörnchen und wenn ihr wisst, dass der Dicke Michi Eichhörnchen für Monster hält, dann wisst ihr jetzt auch, wie es um seinen Mut steht.

Beelzebub und Superpechvogel! oder: Beelzebübischer Superpechvogel!
sagt Raban, der Held, wenn ihm das Leben einen Strich durch die Rechnung macht. Wenn ihm etwas, was er hundertprozentig zu können glaubt, einfach nicht gelingt.

Beim Allmächtigen Pink!
sagen Wilson „Gonzo“ Gonzales und Sexy James von den Flammenmützen, weil sie damit zeigen wollen, wie böse sie sind. Der Allmächtige Pink ist nämlich der Rosane König aus Joschkas Lieblings-Gruselbuch. Jeden Abend malt er die Wolken rosa an, damit die Menschen sich nicht vor der Dunkelheit fürchten. Denn in der Dunkelheit herrscht die Hexe Staraja Riba. Das ist russisch und heißt ‚Alter Fisch‘, und ihren Namen hat sich Wilson „Gonzo“ Gonzales wie einen flammenden Stacheldraht um den Oberarm tätowiert.

Beim exorbitouristischen Geistesblitz!
siehe: **Exorbitouristischer Geistesblitz!**

Beim Fettnäpfchenflaschengeist!
schimpft Raban über sich selbst und die Welt, wenn er sich bis auf die Knochen blamiert oder einfach nur Pech hat.
Z.B.: Wenn er mit seinem Fahrrad in den Obststand vor seiner Toreinfahrt rauscht, und das jeden Tag …

Beim fliegenden Orientteppich!
sagt Deniz, die Lokomotive, wenn er staunt und sich über was wundert, das es in Wirklichkeit eigentlich gar nicht geben kann. So wie es einen fliegenden Teppich halt in Wirklichkeit auch nicht gibt.

Beim Fußballderwisch von Ostokinawa!
sagt Raban, der Held, weil er glaubt, dass man entweder in Okinawa nicht Fußball spielen kann oder dass es dort keine Derwische gibt. Auf jeden Fall meint er damit dasselbe wie: Ich fress’ einen Besen!

Beim großen Turkmonsterpan!
sagt Joschka, die siebte Kavallerie, und meint damit:
So wild wie Turkmenistan!

Beim heiligen Kong-Fu!
ist der Fluch von Kong, dem Unbesiegbaren Sieger und monumentalen Chinesen.

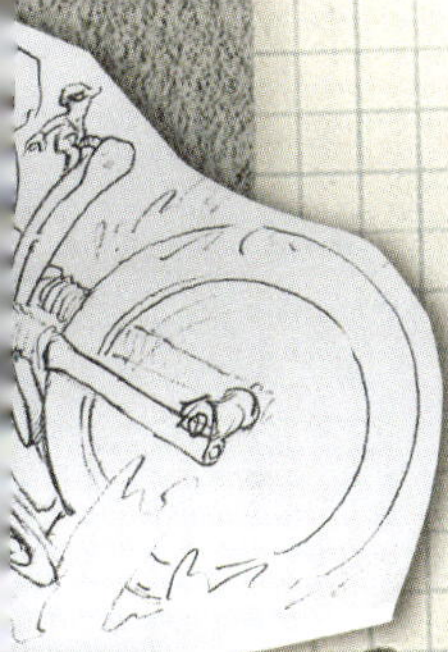

Beim knisternden Höllenschlund!
sagt Raban, der Held, wenn es richtig brenzlig wird: ungefähr so, als wenn euch in einer Papierfabrik plötzlich die Hose brennt.

Beim terro-touristischen Monster-Rex!
sagt Joschka, die siebte Kavallerie, wenn er einer Gefahr begegnet oder von ihr hört, die zu groß für ihn ist. Stellt euch vor, ihr würdet im Freibad schwimmen und plötzlich kreist ein echter Tigerhai um euch rum. Dann versteht ihr genau, was ich meine.

Beiwagenfahrrad
ist das Fahrrad mit Beiwagen von Juli „Huckleberry" Fort Knox, der Viererkette in einer Person. In dem Beiwagen fuhr Joschka bis zu seinem siebten Geburtstag mit Juli mit. Danach nahm Socke, Leons und Marlons Hund mit den großen Fledermausohren, Joschkas Platz ein.

Beiwagenglatteis- und Buckelschnee-Dampf
heißt das auf Winter und Glatteis umgerüstete Beiwagenfahrrad von Juli „Huckleberry" Fort Knox und seinem Bruder Joschka, der siebten Kavallerie.

Blitzlichtdoppelpass!
Den spielen Vanessa und Marlon zusammen, weil sie sich seit Vanessas Geburtstags-Fußballturnier so gut und blind verstehen, als wären sie online miteinander verbunden.

Blitzpasstorvorbereiter
heißt Leon, weil er selbst in der größten Bedrängnis und im härtesten Zweikampf den Blick für den freien Mann hat, der die Kugel dann todsicher im Netz versenkt.

Blonde Zwillinge
ist ein anderer Name für die „Goldenen Twins" oder das „Twisterduo" – sprich Fabi, den schnellsten Rechtsaußen der Welt, und seinen besten Freund Leon, den Slalomdribbler.

Blitzduo
siehe **„Blonde Zwillinge" oder „Twisterduo"**

Bombastisch-touristisches Bärenbauch-Glück!
sagt Joschka, die siebte Kavallerie, als er mutterseelenallein in den von den Flammenmützen besetzten Teufelstopf kommt und dort alle schlafen.

Bombastisch-touristischer Monster-Rex-Kuss
nennt Joschka, die siebte Kavallerie, den Kuss, den er am Ende von Band 9 von Sexy James zur Belohnung erhält und den er sich ganz heimlich nicht abwischt, weil er ihn so sehr genießt.

Brasilianische Zaubertrickkiste
ist die beste Beschreibung für all das, was Rocce, der Zauberer, auf dem Fußballplatz alles kann.

C

Chradadadatsch
heißt der Lieblingsheld von Joschka, der siebten Kavallerie, aus seinem Lieblings-Gruselbuch über den Kampf zwischen der Hexe Staraja Riba und dem Allmächtigen Pink. Chradadadatsch ist ein Ritterclown- und Fußballprofipilot. Er ist furchtlos und tapfer. Deshalb wohnt er am Rand des Zauberwalds an der Grenze zur Nacht in einem riesigen Fliegenpilz auf einer einsamen Lichtung. Er ist der Einzige, der die Hexe besiegen kann.

Coca-Cola-Glas-Brille
ist die dickglasige Brille, die zuerst Raban, der Held, und dann auch noch Deniz, die Lokomotive, tragen. Die Gläser sind so stark, dass sie die Augen riesig vergrößern und dass sie an der Seite über die Brillenränder hinausragen.

Dafür leg ich meine beiden Beine ins Feuer!
sagt jeder Wilde Fußballkerl, wenn ihm etwas ganz außerordentlich wichtig ist und er für etwas unbedingt eintreten möchte. Raban steigert diesen Schwur noch, indem er zu seinen Füßen zusätzlich sein Herz ins Feuer legt – und Maxi legt noch seine Seele drauf.

Dampfender Honigkuchenpferdeapfel!
sagt Raban, der Held, weil er gut erzogen ist, und weil er „Jetzt fängt die Kacke aber zu dampfen an!" nicht sagen darf.

Dampfender Teufelsdreck!
ist das Schimpf-, Fluch-, Staun- und Freudewort von Markus, dem Unbezwingbaren.

Dampfhammerbeine
Das können nur die Beine von Maxi „Tippkick" Maximilian sein, dem Mann mit dem härtesten Schuss auf der Welt.

Dampfhammerdreifachverhärtet
ist ein Schuss, der so hart ist, dass ihn niemand halten kann.

D

Dampfhammerhart und gnadenlos wild!
So will Raban, der Held, den Spitzenreiter schlagen und das mit seinem schwächeren Fuß.

Die größte Dumpfbacke des Universums
nennt Deniz, die Lokomotive, den Taxifahrer, der ihm auf seinem ersten Weg allein durch die ganze Stadt, die Hilfe verweigert, und an dem er sich später nur zu gern rächt.

Dreibeiniger Ochsenfrosch!
sagt Deniz, der Türke, wenn er etwas nicht glauben kann oder will. Oder er sagt es, wenn er jemanden einschüchtern will. Dann heißt es soviel wie: „Ey! Erzähl mir doch keinen Mist! Du hast doch überhaupt keine Ahnung!"
Der Dicke Michi, das habt ihr inzwischen gelesen, sagt dazu „Baumrattenmonsterquatsch!"

Dreifach geölte Eulenkacke!
sagt Raban, der Held, wenn er auf die Schnauze fällt oder wenn ihm etwas gelingt. Beim ersten Mal heißt es einfach nur „Mist" oder „Schitte". Beim zweiten Mal bedeutet es: „Jetzt pass mal auf! Jetzt zeig ich's dir! Aber mit links!"

Doppelzüngiger Blick
Diesen Blick wirft Vanessa, die Unerschrockene, jemandem zu, wenn sie etwas im Schilde führt und nicht die Wahrheit sagt. Zumindest nicht die ganze Wahrheit.

Du fette Kehab-ha-bude!
beschimpft Deniz, die Lokomotive, den eigenen Mittelstürmer beim TSG Hertha 05. Doch das macht er nur aus Verlegenheit. Ohne Brille hat er ihn nicht gesehen, hat deswegen nicht abgespielt und die Torchance vergeigt.

Dumpfbacken
sagt Leon zum Dicken Michi und seinen Unbesiegbaren Siegern, weil die nicht gerade intelligent sind und ihre fetten Wangen viel größer sind als ihr Gehirn.

Dumpfbacken-Michi
Damit provoziert Joschka den Dicken Michi, als dieser Camelot, das Baumhaus der Wilden Fußballkerle, stürmen will, und lockt die ersten der Unbesiegbaren Sieger damit in die Falle.

Dumpfbackenbruder
nennt Joschka, die siebte Kavallerie, seinen Bruder Juli „Huckleberry" Fort Knox.

Dumpfbruderbacke
nennt hingegen Juli „Huckleberry" Fort Knox seinen Bruder Joschka, die siebte Kavallerie.

Durchschlägt schon fast kultig die Schallmauer
heißt es, wenn Fabi, der schnellste Rechtsaußen der Welt, einmal so richtig Gas gibt.

E

Echt-schäbige-Rüsselsau!
versucht Fabi, der schnellste Rechtsaußen der Welt, Rabans Fluch „Pechschwefliges Rübenkraut!" nachzuahmen.

Einsamkeits-Eiszapfen-Wachsen
Mit diesen Worten beschreibt Maxi „Tippkick" Maximilian, der Mann mit dem härtesten Schuss auf der Welt, die Stille, nachdem er in der Silvesternacht seine Stimme verloren hat, ohne dass es irgend jemand bemerkt hat.

Eishockeyfußball
spielen die Wilden Fußballkerle bei Glatteis im Winter mit einem Eishockeypuck auf dem Pausenhof ihrer Schule.

Erbärmliches Loch in einem stinkenden Käse
So fühlt sich Juli „Huckleberry" Fort Knox, die Viererkette in einer Person, wenn er außer Form ist und die Tore des Gegners verschuldet.

e.W.
ist die Abkürzung hinter dem Mannschaftsnamen der Wilden Fußballkerle. Diese Abkürzung ist absolut geheim. Sie soll nämlich nicht angeberisch oder hochnäsig klingen, sondern Mut machen, und die Wilden Fußballkerle immer daran erinnern, dass sie die beste Mannschaft der Welt sind.
Wenigstens in ihren eigenen Augen. Ja, und e.W. heißt deshalb nichts anderes als: erobern die Welt.

Exorbitouristischer Geistesblitz!
sagt Joschka und meint damit: „exorbitanter Geistesblitz!" Eine Idee, die so überragend ist, dass sie nicht von dieser Welt stammen kann. Also einfach genial. Aber das würde Joschka niemals von sich behaupten. Denn dann wäre er ja maßlos arrogant.

Explodierendes Doppelpassfeuerwerk
veranstalten Leon, der Slalomdribbler, und Fabi, der schnellste Rechtsaußen der Welt, im letzten Hinrundenspiel im Teufelstopf gegen den unbesiegbaren TSV Turnerkreis.

Extra-touristische-Tellergans! oder: **Extra-touristische Tellerganz!**
flucht Joschka immer, wenn ihn etwas so überrascht, als käme es von einer anderen Welt oder aus einem anderen Universum. Und er meint: Extra-terristische Intelligenz!

F

Fallrückzieherflugkopfballtor
ist ein Tor, das Raban, der Held, gern schießen würde, obwohl es absolut unmöglich ist.

Falscher Fuß
ist der Fuß, mit dem man nicht so gut schießen kann.

Falscher richtiger Fuß
ist der rechte Fuß von Raban, dem Helden, der aber auch nicht besser ist als sein linker.

Fahlblaumonstrumwolkenprächtig
ahmt Joschka, die siebte Kavallerie, Raban nach und der hat den unbesiegbaren Spitzenreiter vom TSG Turnerbund mit „stahlgraumonumental gewitterwolkenmächtig!" ganz treffend beschrieben.

Fensterkreuz-wandert-vor-Autoscheinwerfer-über-die-Wand
So beschreibt Maxi „Tippkick" Maximilian, der Mann mit dem härtesten Schuss auf der Welt, die Stille, nachdem er in der Silvesternacht seine Stimme verloren hat, ohne dass es irgend jemand bemerkt hat.

Flammenmützen
nennen sich die 13- bis 14-jährigen Skater aus der Nebelburg, dem Internat, die in Band 9 als die großen Feinde der Wilden Fußballkerle auftauchen.

Fußballorakel
Das Fußballorakel findet alle 24 Jahre in der Silvesternacht im alten 60er Stadion statt, aber nur, wenn in den Nächten davor Glühwürmchen glühen. Dann erscheinen die größten deutschen Fußballer-Legenden und spielen mit dem auserwählten Kind Fußball, um ihm am Ende zu sagen, ob er ein Fußballprofi werden wird oder ob eine andere Lebensaufgabe auf ihn wartet. Die muss er dann allerdings selbst herausfinden.

Fußballschienbeinschonersegelboot
Das haben Fabi und Leon gebaut, als sie die Wilden Fußballkerle wegen Deniz verlassen. Sie lassen die Luft aus ihrem Fußball heraus, stecken einen Stock ins Ventil und stülpen die Schienbeinschoner als Segel darüber. Und weil sie glauben, dass sie nie wieder Fußball spielen werden, lassen sie das Ganze auf dem Fluss auf Nimmerwiedersehen schwimmen.

Fußgelenkpass
ist ein typischer Pass von Leon, dem Blitzpasstorvorbereiter.

G

Gackerndes Trampeltier!
sagt Raban, der Held, bei seinem ersten Versuch in Band 6, seinen Spiegelgeist im Schimpfwörter-Duell zu besiegen.

Gefährlich und Wild!
ist die Steigerung von **„Sei wild!“**

Gefriergetrocknete Barbiepuppe
So beschreibt Vanessa ihre Oma, Oma Schrecklich, bevor diese ihr Herz für Fußball entdeckt und die Unerschrockene endlich versteht.

Gestriegelter Pfauenschwanz-Lackaffen-Heinz
ist Rabans zweiter Versuch am Ende von Band 6, seinen Spiegelgeist im Schimpfwörter-Duell zu besiegen. Doch auch der zweite Versuch schlägt fehl.

Gigantisches Hypodesaster!
nennt Raban das Pech des Obsthändlers vor seinem Haus, als der ihn in seinem Lieferwagen verfolgen will und vergessen hat, die Heckklappe zu schließen. Nur einen Herzschlag nach dem Blitzstart mit quietschenden und qualmenden Reifen landen alle Obstkisten auf der Straße.

Glubschaugenblindfisch!
siehe **„Verflixter Glubschaugenblindfisch!“**

Goldene Twins
siehe **„Twisterduo“**

Grätschentiefflug
ist die Spezialität von Joschka, der siebten Kavallerie, mit der er seinem Namen alle Ehre macht und den Ball in allerletzter Nanosekunde, wenn alle Wilden Fußballkerle geschlagen sind und der Gegner schon die Arme zum Torjubel hoch in die Luft reißt, doch noch von der Torlinie kratzt und ihn ins Spielfeld zurückkatapultiert.

Gruselhorrorbuch-Spezialist
nennt Willi, der beste Trainer der Welt, Joschka, die siebte Kavallerie, weil er das nun einmal ist.

Gurkenpass
ist ein völlig missglückter, unsinniger und absolut überflüssiger Pass.

H

Hadschi-Ben-Halef
nennt Friederich Böckmann, der fiese Trainer vom TSG Hertha 05 Deniz, die Lokomotive, weil Böckmann Karl-May-Fan ist und er Deniz demütigen will. Hadschi Ben Halef war nämlich der ziemlich trottelige Diener von Kara ben Nemsi.

Hänschen Hasenfuß!
nennt der Kapitän der U 10 des FC Bayern Fabi, den schnellsten Rechtsaußen der Welt, als er glaubt, dass Fabi das Probetraining hinschmeißen will.

Hasenfuß
nennt der Revolverheld, alias Felix' Mutter, den Wirbelwind und meint damit, dass er ein erbärmlicher Angsthase und Feigling ist.

Hasta-la-vista-bombastisch
sagt Fabi, der schnellste Rechtsaußen der Welt, wenn er etwas ganz außerordentlich besonders und großartig findet.

Hasta-la-vista-bombastischer-Turbo-Dampfhammer-Volley
ist der Spezialschuss von Fabi, dem schnellsten Rechtsaußen der Welt, meistens aus vollem Lauf und von der Torauslinie aus spitzestem Winkel.

Hatschi-Rizinus-Uuups!
flucht Fabi, der schnellste Rechtsaußen der Welt, und meint damit Rabans **„Sakra-Rhinozeros-Pups!“**. Doch das fällt ihm auf die Schnelle nicht ein.

Heiliger Bimbam!
staunt Maxis jüngere Schwester, wenn ihr etwas nicht geheuer ist.

Heiliger Muckefuck!
sagt Fabi, der schnellste Rechtsaußen der Welt, wann immer es geht. Wenn er staunt, flucht, schimpft, sich ärgert, weint, lacht oder sich freut. „Heiliger Muckefuck!“ ist sein Lieblingswort.

Heimliche Schwäche
ist das, wonach die Hexe Staraja Riba sucht. Denn jeder Mensch, der heimlich schwach ist, der sich vor sich selbst oder anderen versteckt und sich nicht traut, das zu tun und zu sagen, was er in Wirklichkeit will, wird ihr todsicheres Opfer.

Hexenkessel aller Hexenkessel
heißt der Teufelstopf, das Stadion der Wilden Fußballkerle e. W., weil es kein Stadion gibt, in dem spannendere Spiele ausgetragen werden und in dem Fußball wichtiger ist.

Hippelpott und Tamuskiste!
flucht Fabi und meint damit Rabans „Hippopotamusbullenpropeller-schwanzmist!“, aber das ist zu schwer für ihn. So ein Wort kann er sich einfach nicht merken.

Hippopotamusbullenpropellerschwanzmist!
sagt Raban, der Held, und die, die Englisch können, wissen genau, was er damit meint. Habt ihr schon mal einen Nilpferdbullen kacken sehen? Nun, der dreht seinen Schwanz wie einen Propeller und verspritzt dabei seinen Kot in alle Richtungen.
Auf Englisch heißt das: ‚The shit has hit the fan!‘, aber das darf man auf Deutsch nicht sagen.
Das ist so, wie wenn ein Kuhfladen in einen Ventilator fällt.

Hobbyfriseusen
nennt Raban seine drei Rüschen bewehrten Cousinen, bevor er ihnen erzählt, dass er dem Pudel ihrer Oma dabei geholfen hat, ihre Barbiepuppen zu zerfleischen.

Honigen und federn
tun die Wilden Fußballkerle den Dicken Michi am Ende der Schlacht um Camelot, um den gefährlichsten Jungen in ihrer Welt in ein wattebäuchiges Kuscheltier zu verwandeln.

Horde schwarzer Vodoo-Kampfreiter
So sehen die Wilden Fußballkerle aus, als sie sich nach der Zerstörung Camelots auf den Weg machen, um den Teufelstopf aus den Klauen der Flammenmützen zu befreien.

Hottentottenalptraumnacht!
sagt Raban, der Held, wenn es zappenduster wird und es keinen Ausweg mehr gibt.

Hühnerkreuz und Kümmelkacke
siehe **„Kreuzkümmel und Hühnerkacke!“**

Hydrotouristischer Zentrifugenmist!
sagt Joschka, die siebte Kavallerie, und meint damit dasselbe wie Raban, der Held, wenn er „Hippopotamusbullenpropellerschwanzmist“ sagt.

Ich-bin-immer-bei-dir-egal-was-auch-kommen-mag-Lächeln
So lächelt Vanessas Vater, als er sie zum ersten Training in den Teufelstopf schickt. Und dieses Lächeln kann Vanessa, die Unerschrockene, dann auch mehr als gut gebrauchen.

Ich-find-mich-und-meinen-Mut-wieder-Lächeln
Dieses Lächeln schenkt Oma Schrecklich ihrer Enkeltochter Vanessa, damit sie wieder die Unerschrockene wird.

Ich-spielte-mit-meinen-Zehen- unter-der-Decke-Mikado
So beschreibt Juli „Huckleberry“ Fort Knox seine Aufregung und Unsicherheit, als er mit seiner Mutter zum ersten Mal über seinen Vater spricht.

Ich-weiß-nichts-doch-ich-bin-trotzdem-so-cool-Grinsen
Mit diesem Grinsen begegnen die Wilden Fußballkerle Vanessas Geburtstagseinladung, bis sie wissen, dass sie das Mädchen unterschätzt haben und was die Stunde geschlagen hat.

Igitt! Kotz! Und Bäh!
schimpft, zetert und spuckt Joschka, wenn es darum geht, einen Kuss von einem Mädchen zu bekommen.
Einzige Ausnahme siehe:
„Bombastisch-touristischer Monster-Rex-Kuss“

Indianersommerunendlichhochblau
beschreibt Raban den Himmel im Herbst, der höher als jeder Himmel zu jeder anderen Jahreszeit ist.

K

Kacke verdammte!
flucht Leon, der Slalomdribbler, Torjäger und Blitzpasstorvorbereiter und lässt damit keinen Widerspruch zu.

Kanalrattenschweinefurz!
flucht Sense, der Unbesiegbare Sieger mit der Fahrradkette um den Hals, wenn ihm etwas nicht passt oder wenn ihm etwas gefällt. Und am besten gefällt es Sense, wenn er andere Kinder quälen oder erschrecken kann.

Kanalrattenschwimmfest
verhöhnt der Dicke Michi die Wilden Fußballkerle am Ende der Schlacht um Camelot, als er mit seiner jaulenden Säge angreift und immer noch glaubt, dass die Wilden Kerle nur Wasserpistolen haben, um sich zu verteidigen. Noch freut er sich über das Wasser, mit dem sie ihn beschießen, weil der Mistkerl seit Wochen nicht mehr gebadet hat.

Kannibalen-Schrumpfkopf-Urwaldrhythmus
zischt Fabi, der schnellste Rechtsaußen der Welt, wenn er Angst hat, und es nicht mehr ausreicht, so wie sein Vater „Knocking on Heaven's Door" zu pfeifen.

Kannibalistisch-touristische Vodoomacht!
nennt Joschka, die siebte Kavallerie, die Wilden Kerle, als sie in Unterhosen, aber schlammbeschmiert und mit schwarzem Edding auf den Rücken tätowierten Namen und Nummern samt Wilde-Fußballkerle-Logo gegen den SV 1906 gewinnen.

Kapi-touristischer-Tulationsvertrag
nennt Joschka den Kapitulationsvertrag, den die Flammenmützen am Ende von Band 9 unterschreiben müssen, nachdem die Wilden Fußballkerle den Teufelstopf zurückerobert haben.

Katastouristische Höllenschlund-Achterbahnfahrt!
flucht Joschka, die siebte Kavallerie, wenn überhaupt nichts nach Plan läuft und das Leben ganz anders ist als erwartet.

Katastouristischer Donnerblitzschock!
flucht Joschka wenn genau das passiert, was nicht passieren soll, und das auch noch plötzlich und unerwartet, also ganz fies und gemein.

Kong-Fu-Scherenschlag
heißt es, wenn Maxi „Tippkick" Maximilian, der Mann mit dem härtesten Schuss auf der Welt, den Ball volley aus der Luft nimmt, indem er erst mit dem linken Bein Schwung holt und dann das rechte gnadenlos folgen lässt.

Konterflutwelle
nennen die Wilden Fußballkerle das Spiel eines übermächtigen Gegners, der sie ein ums andere Mal überrollt.

Knoblauch-gespickte-transsilvanisch-touristische Dracula-Torte
schimpft Joschka, die siebte Kavallerie angesichts der Flammenmützen und ihres Anführers, dem blassen Vampir.

Knochenbrecherisch still
beschreibt Maxi „Tippkick" Maximilian die Stille, die herrscht, wenn man dem Dicken Michi und seinen Unbesiegbaren Siegern ganz allein und wehrlos mitten in der Nacht begegnet.

Kreuzdings und Hühnerwas!
Kreuzdings und Kümmelwas!
Kreuzhuhn!
Kreuzhühnerkümmelkack!
Kreuzhühner und Kümmelkacke
Kreuzhuhn und Kümmelkack!
Kreuzkacke und Hühnerkümmel!
Kreuzkackendes Kümmelhuhn!
Kreuzkümmelige Hühnerkacke!
Kreuzkümmelhuhn!
Kreuzkümmel und Hühnerkacke!
Kümmelkreuz und Hühnerkacke!

Das sind die Flüche, Schimpfwörter und Ausrufe von Juli „Huckleberry" Fort Knox, der Viererkette in einer Person.

Krokodilstränensintflut!
jammert Raban, der Held, wenn er todtraurig ist und in Selbstmitleid zerfließt.

Kosmofantastische Nachricht
nennt Maxi „Tippkick“ Maximilian die Nachricht von Willi, dem besten Trainer der Welt, dass sie an der Hallen-Stadtmeisterschaft teilnehmen können.

L

Lavaglatzkopf
nennt Deniz, die Lokomotive, seinen Trainer beim TSG Hertha 05, weil sein Haarkranz die vor Wut puterrote Glatze wie einen Vulkankrater umrahmt, der sich kurz vor dem Ausbruch befindet.

Lokomotivenalleingang
ist die Spezialität von Deniz, der Lokomotive, wenn er sich verbissen durch die feindlichen Reihen wühlt und erst aufhört, wenn er sich mit dem Ball zusammen im Tornetz des Gegners verfangen hat.

M

Mega-Mörser-Monster-Schuss
oder: **Mega-Mörser-Monster-Schuss GTI Wild**
ist nichts anderes als der „Trippel-M.S.“ von Maxi „Tippkick“ Maximilian.

Maskottchen einer Fußballmannschaft aus einem Alptraumvergnügungspark
So fühlt sich Juli „Huckleberry“ Fort Knox, als er als Unbesiegbarer Sieger an der Seite vom Dicken Michi und den anderen Mistkerlen in das Räubernest des fetten Vetters einläuft, dem Cousin des Dicken Michis, der sich weit hinten in der Steppe jenseits des Finsterwalds und der Graffiti-Burgen versteckt.

Maxi-Bumm-Bumm
nennt Deniz, die Lokomotive, Maxi „Tippkick" Maximilian, den Mann mit dem härtesten Schuss der Welt, um ihn vor dem Bierkasten-Fußballduell wenigstens ein bisschen einzuschüchtern.

Memme
nennt der Revolverheld, alias Felix' Mutter, den Wirbelwind, weil er vor Selbstmitleid vergeht und den Mond anheult.

Mississippi-Schneedampfer-Beiwagenfahrrad
So sieht das für Glatteis umgerüstete Beiwagenfahrrad von Juli und Joschka aus

Mistkerle
ist der allgemeine Kosename, den die Wilden Fußballkerle dem Dicken Michi und seinen Unbesiegbaren Siegern gegeben haben.

Mit Schokolade überzogene Schlange!
So nennt sich Vanessa, die Unerschrockene, wenn sie ihrer Oma, der Oma Schrecklich, nicht sofort an die Kehle springt, sondern ganz nett und ganz freundlich zuerst mit ihr redet.

Monster der Monster
Damit beschreibt Juli „Huckleberry" Fort Knox respektvoll den Dicken Michi, den Darth Vader in der Wilden-Fußballkerle-Welt.

Monstermississippi-Schneedampfer!
siehe: **„Mississippi-Schneedampfer-Beiwagenfahrrad"**

Monsterqualle
nennt Felix, der Wirbelwind, den Dicken Michi, und wenn ihr mich fragt, macht er dem Kerl damit noch ein Kompliment.

Mountainbike mit dem Spezial-Sprint-Hinterrad
ist das Fahrrad von Fabi, dem schnellsten Rechtsaußen der Welt. (Sein Hinterrad ist kleiner als das Vorderrad und mit ihm kann Fabi viel schneller als alle anderen von 0 auf 30 beschleunigen!)

Mucksmäuschen-Gänsehaut-Meuchelmord-still
nennt Joschka, die siebte Kavallerie, die Stille, in der er Todesangst hat.

N

Nebeljäger
nennt Fabi die Wilden Kerle, als sie ihm den schwarzen Punkt zustellen und ihn bei Nacht, Glatteis und Nebel quer durch die Stadt und in den Bombentrichter jagen, um ihn dort für seinen Verrat zu bestrafen.

Neunundneunzigfache Unberechenbarkeit
ist der Grund dafür, dass Giacomo Ribaldo, der brasilianischen Fußballgott bei den Bayern und Vater von Rocce, dem Zauberer, für Raban, den Helden, die Rückennummer 99 aussucht.

Null-null-siebenmal-wild
sagt Raban, der Held, zu der rosa Wolke, die Joschka aus seinem Raketenrennfahrrad abschießen kann. Solche Tricks hat sonst nur James Bond auf Lager. Der Agent 007.

O

Oberaffen-Orang-Utan-weltrekordverdächtig
Damit beschreibt Juli „Huckleberry" Fort Knox den schwarzen Wilde-Kerle-Fußball, den Raban, der Held, vom Fußballorakel erhält.

Ohrläppchenwuselnasenspitztor
ist ein typisches Tor von Leon, dem Torjäger, in Gerd-Müller-Manie, in dem er irgendwie den Kopf oder das Ohr oder die Nase in die Flanke bekommt und das Leder auf unmögliche Art und Weise doch noch über die Torlinie zwirbelt.

P

Page aus einem Zombiehotel
So beschreibt Juli „Huckleberry" Fort Knox den freundlichsten Zustand, den der Dicke Michi, der Anführer der Unbesiegbaren Sieger, der Darth Vader in ihrer Welt, annehmen kann.

Pakka mit extrabreitem Hinterradreifen
ist das Mountainbike von Vanessa, der Unerschrockenen, der besten Fahrradrennfahrerin der Wilden Fußballkerle.

Pakka mit Cruiserlenker und Motorradscheinwerfer
ist das nigelnagelneue Mountainbike, das Maxi „Tippkick" Maximilian bekommt, nachdem er sein Schweigen bricht und seine Stimme wiederbekommt.

Pampasliga
ist ein Name für die G-Jugend. Das sind die unter sechs Jahre alten Kinder, die alle auf einmal hinter dem Ball herlaufen, bei denen fast jeder gegen jeden spielt, und bei denen es passieren kann, dass der Mittelstürmer mitten im Torschuss innehält, um die Socken des gegnerischen Torwarts zu bewundern oder um Blumen zu pflücken.

Pechschwefliges Rübenkraut!
flucht Raban, der Held, wenn er bis zum Hals im Schlamassel steckt.

Phänomenal und superhistorisch
nennt Raban, der Held, etwas, das man nie mehr im Leben vergisst.

Pickelpinocchio!
nennt Joschka, die siebte Kavallerie, den langnasigen Pickels von den Flammenmützen.

Piratenschatzkarten-Spielervertrag
Das sind die Spielerverträge der Wilden Kerle, die sie mit ihrem eigenen Blut unterschreiben.

Plattfüßige Blindschleiche!
ist der erste Versuch des Spiegelgeists in Rabans Kleiderschrank-spiegel, um Raban, den Helden, im Schimpfwörter-Duell zu besiegen.

Potzblitz und Donnergeist!
Damit meint Raban, der Held, dasselbe wie Joschka, wenn er **„Katastouristischer Donnerblitzschock!“** flucht.

Pupstrocken
heißt einfach nur: ganz cool, ohne Mitleid und Selbstmitleid.

Pusteblumen-Seifenblasen-Lächeln
So beschreibt Vanessa, die Unerschrockene, das Lächeln ihres Vaters, wenn er ihr weismachen will, dass ihre Probleme überhaupt keine Probleme sind.

Pyrotouristischer Feuerteufel!
nennt Joschka, die siebte Kavallerie, Sexy James von den Flammenmützen, nachdem sie seine Wilde-Fußballkerle-Puppe mit einem Gürtel aus Silvesterknallern malträtiert hat.

Pyrotouristisches Rüschenmädchen!
nennt Joschka Sexy James bevor er einen Kuss von ihr bekommt.
(siehe: **Bombastisch-touristischer Monster-Rex-Kuss**)

Q

Quatschquark mit Torte!
lacht Joschka, die siebte Kavallerie, wenn man ihm einen Bären aufbinden will.

R

RAAAAH!
Lautet der Wilde-Fußballkerle-Kampfruf, wenn sie vor dem Spiel ihren Kreis oder später ihre „Wand" machen.

Rabanovich
wird Raban, der Held, von seinen drei Cousinen, den drei rosa Monstern, genannt, wenn sie ausnahmsweise einmal nett zu ihm sein wollen.

Ra-hanzige Keha-hap-Bude!
flucht Deniz, die Lokomotive, aus dem selben Grund, aus dem Rocce, der Zauberer, **„Südbrasilianische Meerschweinchenpisse!"** sagt.

Raketenrennfahrrad
ist das Fahrrad von Joschka, der siebten Kavallerie, das er von seinem Vater zu seinem siebten Geburtstag bekommt.

Ratzfatz- und Tattata-Bumm!
ruft Joschka, wenn er glaubt, dass etwas ganz sicher und unausweichlich geschieht.

Ratzfatz! Basta und Schluss!
sagt Joschka und meint damit: So ist es! Dabei bleibt's!

Rennseglerdreirad
ist das Fahrrad von Felix, dem Wirbelwind mit dem nachtschwarzen Wikinger-Seeräubersegel.

Rhabarberlein
wird Raban, der Held, von seinen drei Cousinen, von Cynthia, Marie-Claire-Beatrice und Hannelörchen, den drei rosa Monstern genannt, wenn sie ihm ganz deutlich sagen wollen, was sie von ihm halten.

R.v.a.G.'s
sind die Ratten von außergewöhnlicher Größe, die in der Steppe zwischen Finsterwald und Graffiti-Burgen hausen und dort auf Katzenjagd gehen.

S

Sakra-Rhinozeros-Pups!
ruft Raban, der Held, wenn etwas zum Himmel stinkt, er etwas nicht glauben kann oder will, oder etwas passiert, was auf keinen Fall passieren darf.

Santa Panther! oder: **Santa Panther im Raubkatzenhimmel!** oder: **Santa Panther und Jaguar!**
flucht Rocce, der Zauberer.

Schattenschleimer!
nennt Joschka, die siebte Kavallerie, Pickels von den Flammenmützen.

Schitte!
flucht Vanessa, die Unerschrockene.

Schitte noch mal!
flucht Vanessa, die Unerschrockene, wenn sie besonders wütend ist.

Schlotterbein und Tarzanschrei!
flucht Maxi „Tippkick“ Maximilian und verbirgt in seinem Fluch gleichzeitig die Lösung, wie er seine Stimme zurück und seine Gummibeine loswerden kann.

Schottenmottenalptraumschrank!
flucht Fabi, der schnellste Rechtsaußen der Welt, und meint damit Rabans **„Hottentottenalptraumnacht!“**.

Schmor' in der Hölle!
beschimpft Felix' Mutter als Revolverheld ihren Sohn, um ihn aus seinem Selbstmitleid rauszuholen.

Schneeflocken-schmelzen-auf-Fensterglas-still
beschreibt Maxi „Tippkick“ Maximilian, der Mann mit dem härtesten Schuss auf der Welt, die Stille, nachdem er in der Silvesternacht seine Stimme verloren hat, ohne dass es irgend jemand bemerkt hat.

Schüttelfrost-Zitteraalmäßig
beschreibt Maxi „Tippkick“ Maximilian seine Angst.

Schwabbelbäuchiger Weltraumpups!
nennt Raban, der Held, den Dicken Michi in der Schlacht um Camelot, um ihn in die Honigfalle zu locken, und erfindet damit die ultimative Steigerung von „Schwabbelsack“.

Schwabbelsack!
ist ein allgemeines Kosewort, das die Wilden Kerle für den Dicken Michi erfunden haben, damit er vor ihren Augen nicht ganz so fürchterlich erscheint.

Schwarzer Pulk
siehe: **Wilder Pulk**

Schwarzer Punkt
Den schwarzen Punkt bekommt jeder Wilde Kerl, der ein Verräter ist, als Warnung zugeschickt, bevor ihn die Rache der anderen Wilden Fußballkerle ereilt.

Schweizer Käse
nennt Raban, der Held, die Abwehr der Wilden Fußballkerle, wenn sie ohne Juli „Huckleberry“ Fort Knox spielen müssen.

Sechsfachgeknutschtes Mamasöhnchen!
ist wohl das schlimmste Schimpfwort, das Deniz, die Lokomotive, kennt. Und er bezeichnet sich selbst so, nachdem ihn Vanessa, ein Mädchen, ausgespielt hat.

Sechzehn-Zoll-Raketenfahrrad-Mach-9
ist die Spitzengeschwindigkeit von 50 km/h, die Joschka, die siebte Kavallerie, auf seinem Raketenfahrrad erreicht, das er von seinem Vater zu seinem siebten Geburtstag bekommt.

Segelohrenbruchpilot!
schimpft Raban, wenn ein ausgeklügelter Plan in die Hose geht.

Seitrückfaller
ist die Spezialität von Leon, dem Torjäger, wenn er hochspringt, sich in der Luft parallel zum Boden ausstreckt und den Ball volley und dampfhammerhart im Tor versenkt.

Sei Wild!
ist das erste Gesetz in der Wilden-Fußballkerle-Satzung.

Selbstbewusstseinsgrinsen
ist das Grinsen, das Vanessa, die Unerschrockene, zeigt, als sie den Plan ihrer Oma mit den rosa Pumps auf ihrem Geburtstags-Fußballturnier vor dem alles entscheidenden Elfmeter begreift.

Sentimental-touristischer Tränensack!
schimpft Joschka, die siebte Kavallerie, wenn jemand in Selbstmitleid badet.

Siebenfacher Weltmeister im Wassereimer-Umschmeißen
ist der dritte und verflixt böse Versuch des Spiegelgeists, das Schimpfwörter-Duell gegen Raban zu gewinnen.

Silberrückengorilla in einem Darth-Vader-T-Shirt
nennt Juli „Huckleberry" Fort Knox, den Dicken Michi, nachdem er ihm in den Graffiti-Burgen in die Hände gefallen ist.

Simsalabimbombastisches Oberglück!
ruft Deniz, wenn er sich längst schon aufgegeben hat und dann trotzdem noch gewinnt.

Slalomdribbelrittberger!
ist dasselbe für Leon, den Slalomdribbler, wie für Rocce, den Zauberer: sein **„Ball-Dribbel-Trickkistentanz"**.

Solarantrieb der Bösartigkeit
Wenn der Dicke Michi den einschaltet, flackern seine Augen, weil der Solarantrieb beim Hochfahren zu viel Saft zieht. Aber dann, wenn er wieder denken kann, ist der Dicki Michi das Böseste alles Bösen, was man sich vorstellen kann. So, als hätte sich ein Werwolf bei Vollmond in einen Werwolf für Werwölfe verwandelt.

So wild wie Turkmenistan
findet Vanessa, die Unerschrockene, den von Willi, dem besten Trainer der Welt, zum Teufelstopf umgebauten Bolzplatz, mit der waschechten Baustrahler-Flutlichtanlage.

Spezial-Motocross-BMX
ist das Fahrrad von Leon, dem Slalomdribbler, Torjäger und Blitzpasstorvorbereiter.

Stahlgraumonumentalgewitterwolkenmächtig!
So beschreibt Raban den Spitzenreiter in der 8. Dimension, gegen den sie dann auch im letzten Spiel der Hinrunde verlieren.

Staraja Riba
ist russisch und heißt „Alter Fisch". Aber es ist auch der Name der bösesten Hexe der Welt. Wie eine Spinne lebt sie am Ende der Welt auf einer von ewiger Finsternis umbrandeten Klippe und fischt mit ihren Flederkatzen nach der „heimlichen Schwäche". Denn jeder Mensch, der heimlich schwach ist, gerät in den Bannkreis ihrer Macht.

Sternschnuppenachterbahn!
frohlockt Raban, der Held, und meint damit dasselbe wie Deniz, die Lokomotive, wenn er **„Simsalabimbombastisches Oberglück!"** ruft.

Strunzdummer Rodelblindfisch!
ist der zweite Versuch des Spiegelgeists, Raban, den Helden, im Schimpfwörter-Duell zu bezwingen.

Sturm- und Tormaschinerie
der Wilden Fußballkerle. Das sind Fabi, der schnellste Rechtsaußen der Welt, und Leon, der Slalomdribbler, Torjäger und Blitzpasstorvorbereiter, kurz: die **„Goldenen Twins"**.

Südbrasilianische Meerschweinchenpisse!
flucht Rocce, der Zauberer, als er sich in einer sehr dreckigen und stinkenden Kabine umziehen muss.

Sugtouristische Hypnosition
sagt Joschka, die siebte Kavallerie, und meint einfach und schlicht: Hypnose.

T

Teletouristische Kräfte
sagt Joschka und meint damit telepathische Kräfte.

Terrier-hartnäckig-wadenbeißerisch-gut
spielt Juli „Huckleberry" Fort Knox, wenn er sich in Topform befindet. Dann kommt keiner an ihm vorbei, dann lässt ihn kein Stürmer stehen. Dann ist er vervierfacht – eben die Viererkette in einer Person.

Terro-touristische Monsterangst!
sagt Joschka, die siebte Kavallerie, wenn er sich vor Angst in die Hosen macht.

Terro-touristische Seeräuberei!
flucht Raban, der Held, als er entdeckt, dass man ihnen die nachtschwarzen Wilde-Fußballkerle-Trikots aus dem geschlossenen Koffer geklaut hat.

Terro-touristisches Tigerhairudel!
schimpft Joschka, wenn er von den Flammenmützen gefangen wird.

Teufelstopf
heißt der Bolzplatz der Wilden Fußballkerle, weil das der richtige Name für den **„Hexenkessel aller Hexenkessel"** ist. Und der ist für jeden Gegner die Hölle.

Torpedobaracudagefährlicher Steilpass
Den beherrscht nur Rocce, der Zauberer, und den kann auch nur Fabi, der schnellste Rechtsaußen der Welt, noch erreichen. Für jeden anderen geht er ins Aus.

Torpedoflugkopfballmäßig
spielt Vanessa, die Unerschrockene, beim Konterfußballtraining in Band 5.

Torpedoflugkopfballtiefflug
ist eine Spezialität von Leon, dem Torjäger. Ganz flach und den Kopf voran zischt er nur knapp über die Grasnarbe und versenkt den Ball mit dem Kopf unhaltbar im Netz.

Torpedopass
ist der Pass, den Fabi, der schnellste Rechtsaußen der Welt, am liebsten aus vollem Lauf und in den Lauf von Leon, dem Torjäger, schlägt.

Torpedotauchflugkopfballbahn
heißt es, wenn Leon, der Torjäger, mit einem Flugkopfball durch die Beine der Gegner fliegt und den Ball im Netz versenkt.

Touchdownhart
haut Leon, der Anführer, den Ball auf den Anstoßpunkt, nachdem er ihn sich selbst aus dem Netz des Gegners herausgeholt hat und mit ihm wie ein Rugbyspieler durch die gegnerischen Spieler gerannt ist, die ihn festhalten und Zeit schinden wollen, damit sie nicht verlieren.

Touristisch-bombastischer Bärenbauch-Speck!
sagt Joschka, die siebte Kavallerie, wenn er Glück hat oder etwas ganz Tolles passiert.

Traktorhinterradreifen
ist der extrem fette Hinterradreifen, den Raban, der Held, an sein Zwölf-Zoll-Montainbike montiert hat, um Vanessa, der Unerschrockenen, zu imponieren.

Transtouristischer Obersilvane!
nennt Joschka Wilson „Gonzo" Gonzales, den blassen Vampir, nachdem er ihn mit Tapezierklebeband gefesselt und geknebelt hat.

Trauma-touristisches Spiegelweichei!
verspottet Joschka Leon, den Slalomdribbler, als er nur noch unsichtbar wild sein will und sich vor dem Kampf gegen die Flammenmützen-Skatergang aus der Nebelburg versteckt.

Trippel-M.S. oder: **Trippel-M.S. GTI Wild**
Der Trippel-M.S. ist der Mega-Mörser-Monsterschuss, den Maxi nach der Horrorgruselnacht plötzlich kann. Mit diesem Schuss katapultiert er nicht nur den Ball durch das Tornetz und die Bretterwand der Geheimhalle hindurch, sondern er fällt auch noch eine ein Meter dicke Tanne, die dahinter im Wald steht. Wenn Maxi den Ball aber besonders gut trifft, dann schafft er den Trippel-M.S. GTI Wild, den nur Markus der Unbezwingbare, halten kann, ohne dass er dabei in tausend Stücke zerspringt.

Türkendickschädel
nennt Friederich Böckmann, der Trainer vom TSG Hertha 05, Deniz, bevor er zur Lokomotive und zum Wilden Fußballkerl wird. So nennt ihn aber auch Joschka, die siebte Kavallerie, um ihn zu ärgern und aufzuziehen.

Twisterduo
Das sind Fabi, der schnellste Rechtsaußen der Welt, und sein bester Freund Leon, der Slalomdribbler, wenn sie als die **„Sturm- und Tormaschinerie“** der Wilden Fußballkerle ihre Gegner schwindlig spielen.

U

Überraschungswurstkäsemarmeladenquarkmurks
nennt Joschka das, was seine Mutter auf seine Schulbrote schmiert, und mit dem sie immer genau das errät, worauf er Heißhunger hat. Und das auch noch ohne zu fragen.

Unbarmherzig und ohne zu zwinkern!
So will Raban, der Held, den stahlgrauen, ungeschlagenen und siegesverwöhnten TSV Turnerkreis schlagen, um die Herbtsmeisterschaft zu gewinnen.

Unvorstellbarer Pass in den Raum
Den beherrscht nur Marlon, die Nummer 10.

V

Verdammich noch mal!
flucht Jojo, der mit der Sonne tanzt.

Verfluchte Hacke! oder: **Verfluchte und kreuzgepunktete Streifenhacke!**
flucht Willi, der beste Trainer der Welt.

Verfluchte und vermaledeite kreuz- und quergeeierte Streifenhacke!
entfährt es Willi, dem besten Trainer der Welt, ein einziges Mal, als er die Beherrschung verliert.

Verflixt!
schimpft jeder Wilde Fußballkerl und vor allem der wohl erzogene Felix, der Wirbelwind, traut sich, selbst wenn er ganz wütend ist, nichts anderes zu sagen.

Verflixter Glubschaugenblindfisch!
ist das bei weitem harmloseste Schimpfwort von Raban, dem Helden, dem Schimpfworterfinder und -spezialisten unter den Wilden Fußballkerlen.

Verhexter, schlitzohriger, brasilianischer Pirat
nennt Deniz Rocce, den Zauberer, weil er wie ein Revolverheld den Schuss aus der Hüfte beherrscht, und das mit dem Ball auf dem Fußballplatz!

Vernichtendes Tor mit der Ferse
ist das Tor, mit dem Rocce, der Zauberer, den Wilden Fußballkerlen die intergalaktische Überlegenheit des FC Bayern demonstriert.

Verschleimter Alligatorenrotz!
flucht Rocce, der Zauberer, als er in den Matsch fällt.

Vierrad-Strandbuggy-Propellerfahrrad
heißt das für Glatteis umgerüstete Fahrrad von Rocce, dem Zauberer, dem Sohn von Giacomo Ribaldo, dem Fußballgott des FC Bayern.

Vierrad-Strandbuggy-Fahrrad
heißt das Fahrrad von Rocce, dem Zauberer.

W

Die Wand
„Die Wand" ist die Steigerung des Kreises, den die Wilden Fußballkerle vor dem Spiel formen, um ihren Schlachtruf zu zelebrieren. In der Wand gehen sie Seite an Seite auf den Gegner zu und rufen ihm ihre Entschlossenheit entgegen.

Waschechte-Turbo-wilde-Speedway-Motorrad-Spikes
bekommt Fabi, der schnellste Rechtsaußen der Welt, von seiner Mutter, damit er auch bei Glatteis Fahrrad fahren kann.

Weichburger (wie Cheeseburger)
nennt Joschka, die siebte Kavallerie, die Flammenmützen-Skatergang aus der Nebelburg, als er ihnen seine Kriegserklärung buchstabiert. Er nennt sie so, weil sie sich fast ausschließlich von Junk Food ernähren.

Weltklasse-Salto-Mortale-Fallrückzieher
ist eine weitere Spezialität von Leon, dem Torjäger, wenn er mit den Füßen zuerst in die Luft steigt und den Ball aus schwindelnder Höhe ins Kreuzeck katapultiert.

Wie die Maden der Schwarte
folgen die Unbesiegbaren Sieger ihrem Anführer, dem Dicken Michi.

Wie drei grinsende Haie im Kinderplanschbecken
erscheinen Krake, Sense und der monumentale Chinese Kong auf dem Schulhof vor Juli „Huckleberry" Fort Knox, um ihn daran zu erinnern, dass ihn der Dicke Michi erpresst und dass er besser daran tut, dieses Geheimnis nicht an seine Freunde zu verraten.

Wie ein mit Honig überbackener Skorpion
So beschreibt Deniz, die Lokomotive, die gerissene und hinterlistige Vanessa, die Unerschrockene, als sie ihm beim Fußballduell gegenübertritt.

Wie eine Wasserpfeife auf einem Vulkan
dampft Friederich Böckmann, der Trainer des TSG Hertha 05, wenn Deniz, die zukünftige Lokomotive, nicht abspielt und damit eine Torchance nach der anderen vergeigt.

Wilde-Kerle-Monster-Totenkopf-Tasse
ist die schwarze Tasse mit dem Wilden Kerl über gekreuzten Seeräuberknochen, die sich Joschka, die siebte Kavallerie, zum Geburtstag gewünscht hat.

Wilde-Kerle-Punsch
ist ein Punsch, der von der Fifa und dem DFB getestet, für alle Wilden Fußballkerle und anderen Fußballprofis erlaubt und freigegeben ist, damit er sie im Winter von den Zehen- bis in die Haarspitzen wärmt und ihnen Mut macht, die unmöglichsten und schwierigsten Herausforderungen zu bestehen.* (siehe Rezept S. 90)

Wildes Fußballbaby
nennt sich Joschka selbst, bevor er sieben Jahre alt und ein echter Wilder Fußballkerl wird.

Wilder Pulk
heißt es, wenn die Wilden Fußballkerle alle zusammen auf ihren Rädern durch die Stadt sausen.

Wilde Mumien bei der Altersheim-Stadtmeisterschaft
So beschreibt Fabi, der schnellste Rechtsaußen der Welt, das einzige für ihn mögliche Ende der Wilden Fußballkerle. Für ihn werden sie so lange zusammen spielen, bis sie als die Wilden Mumien an der Altersheim-Stadtmeisterschaft teilnehmen.

Wind-schabt-über-Schneeharsch-auf-Dach
Damit beschreibt Maxi „Tippkick" Maximilian, der Mann mit dem härtesten Schuss auf der Welt, die Stille, nachdem er in der Silvesternacht seine Stimme verloren hat, ohne dass es irgendjemand bemerkt hat.

Worauf du Gift nehmen kannst!
sagt ein Wilder Fußballkerl und meint damit dasselbe wie: **„Dafür leg ich meine beiden Beine ins Feuer!"**.

Wut-entbrannte-ich-will-unbedingt-gewinnen-Form
ist die Form, in der Fabi, der schnellste Rechtsaußen der Welt, und Leon, der Slalomdribbler, so gut wie unschlagbar sind.

Z

Zauberbesenflugbogen
So eine Bahn beschreibt der Ball, wenn ihn Marlon, die Nummer 10, bei einem seiner extremen Weitschüsse auf dem Wind reiten lässt, bevor er sich unhaltbar ins Netz des Gegners senkt.

Zauberdrauf
siehe **„Überraschungswurstkäsemarmeladenquarkmurks“**

Zaubererfuß
heißt der Fuß von Rocce, dem Zauberer, dem Sohn von Giacomo Ribaldo, dem brasilianischen Fußballgott vom FC Bayern.

Zickzackpieselnder Riesenblubb
nennt Rocce, der Zauberer, den Dicken Michi.

Zickzackpieselnder Sandburgen-Hausmeister
ist das Schimpfwort, mit dem Raban, der Held, seinen Spiegelgeist im Schimpfwörter-Duell endlich besiegt.

Zombiekoloss von Rhodos
nennt Vanessa, die Unerschrockene, den Dicken Michi.

Zwei vergoldete Silberpfeile
hängen bei Fabi, dem schnellsten Rechtsaußen der Welt, unter der Decke und er träumt davon, in ihnen zusammen mit seinem besten Freund Leon, dem Slalomdribbler, direkt in den Sonnenuntergang zu fliegen. Und das mit 988 Sachen.

Wildes Training

Es gibt bestimmt viele Fußballbücher, Fußballzeitschriften und Fußball-CD-ROMs in und auf denen ihr alle möglichen Trainingsvorschläge finden könnt. Und diese Vorschläge sind mit Sicherheit alle sehr gut.

Auch die Wilden Fußballkerle trainieren nach diesen Anleitungen so oft und so hart wie andere Mannschaften.

Aber die Wilden Fußballkerle sind auch ein bisschen anders als andere Mannschaften.

Das hat euch Leon schon im ersten Band ganz klipp und klar erklärt: Die Wilden Fußballkerle sind nicht nur eine Fußballmannschaft und ihr Hund Socke ist kein Kuscheltier. Nein, die Wilden Fußballkerle sind eine Fußballgang und sie sind und sie leben gefährlich und wild. Deshalb lassen sie sich auch ihre eigenen Übungen einfallen. Und weil diese Übungen nicht in den anderen Büchern und Zeitschriften stehen, werde ich sie euch in diesem Kapitel erklären.

Vielleicht helfen sie euch ja dabei, besser zu werden.

Aber vielleicht regen sie euch sogar dazu an, euch selbst etwas einfallen zu lassen. Das wäre nämlich das Beste, wisst ihr? Dann wärt ihr auf dem richtigen Weg: dem Weg, selbst einmal ein Wilder Kerl zu werden. Und wisst ihr warum? Weil ihr dann das Gefühl bekommt, für das, was ihr üben müsst. Ihr erkennt eure eigenen Schwächen und ihr lauft nicht vor ihnen davon. Nein, denn das wäre ja Angeber-Angsthasenfußball: wenn man immer nur das trainiert, was man sowieso schon gut kann. Das wäre so, als würde ein Säbelzahntiger eine Zahnspange tragen oder als hätte ein Haifisch einen Kringelschwanz wie ein Schwein. Deshalb beobachtet euch. Horcht in euch hinein. Spürt, wo ihr unsicher seid, und genau da beginnt ihr mit eurem Training. Ich weiß, das ist hart. Das ist anstrengende und Schweiß treibende Arbeit.

Aber so ist das nun mal.

Im wilden Leben gibt es keinen Lift, der euch den Berg hinaufzieht, damit ihr hinuntersausen könnt wie im Skiurlaub. Nein, im wirklichen Leben müsst ihr ganz allein den Gipfel besteigen. Aber ich verspreche euch eins: Wenn ihr es schafft, wenn ihr oben angelangt seid, dann fällt alle Müdigkeit und Erschöpfung von euch ab. Dann fühlt ihr euch stark und dann wisst ihr, ihr seid jedem und jeder Herausforderung gewachsen.

1. Tennisball-Gummistiefel-Besenschrank-Briefmarken-Training

Das ist das Training, mit dem Willi, der beste Trainer der Welt, die Wilden Fußballkerle vor ihrem allerersten großen und alles entscheidenden Match geplagt und gepiesackt hat.

Damals haben die Wilden Kerle nämlich so gedacht, wie es viele von euch auch ganz oft tun. Das behaupte ich jetzt einfach mal und wenn ich Unrecht haben sollte, dann könnt ihr euch ja bei mir beschweren. Damals waren die Wilden Fußballkerle nämlich fest davon überzeugt, dass man am besten im Olympiastadion trainieren kann. Und das in nigelnagelneuen Fußballschuhen, am besten die von der letzten Weltmeister- oder Europameisterschaft. Und ein cooles Trikot käme auch nicht schlecht. Na, was sagt ihr dazu? Das wäre doch mal echt wild. In Profi-Fußballmontur in einem echten Stadion herumzukicken. Das würde euch doch ganz sicher gefallen.

Ha! Und jetzt hab ich euch.

Ha! Spätestens jetzt wärt ihr die Haifische mit dem Kringelschwanz. Jetzt würdet ihr Angeber-Angsthasenfußball spielen. Habt ihr's kapiert? Oder könnt ihr euch einfach nicht vorstellen, wie es aussieht, wenn einer wie Ronaldo oder Zidane daherkommt, aber noch nicht einmal den Ball stoppen oder einen geraden Pass spielen kann? Seht ihr? Das wär kein bisschen wild und genau das hat Willi, der beste Trainer der Welt, den Wilden Fußballkerlen gezeigt, als er sie vor ihrem ersten und alles entscheidenden Match gegen den Dicken Michi und seine Unbesiegbaren Sieger auf der Wiese am Fluss trainieren ließ. Auf einer Wiese mit Buckeln, Schlaglöchern, Pfützen und Steinen. Ja, und dann auch noch mit einem Tennisball. Er hat aus ihnen Brasilianer gemacht. Brasilianische Jungs, die nichts haben, weder Geld noch Fußballschuhe oder einen richtigen Ball. Nur den Strand oder die Straße. Und wie ihr alle mit Sicherheit wisst, kommen die besten Fußballspieler aus diesem Land: aus Brasilien.

Aber ich sage euch eins: Diese Übung ist eine der schwierigsten.

Deshalb müsst ihr nicht auf einer Wiese am Fluss damit anfangen. Trainiert dort, wo ihr seid. Einen Tennisball kann man immer dabei haben. Es geht aber auch eine Blechdose oder ein Stein. Und welche Schuhe oder Klamotten ihr dabei tragt, ist schnurzpiepegal. Aber das habe ich euch ja schon erklärt. Also, nehmt euren Ball oder eure Blechdose. (Wir haben früher immer mit dem Schwamm im Klassenzimmer gekickt. Verfluchte Hacke! Das gab jedes Mal Ärger!) Und dann fangt einfach nur an. Wenn ihr allein seid, versucht zu jonglieren. Wenn ihr zu zweit seid, passt euch einfach nur zu. Oder spielt gegeneinander. Egal wie viele ihr seid. Ja, und wenn ihr spürt, dass ihr besser werdet, dann erhöht ihr den Schwierigkeitsgrad. Dann zieht ihr euch zu große Schuhe an. Gummistiefel sind auch nicht schlecht.

Ja, und dann verkleinert ihr euer Spielfeld.

Je enger der Raum ist, desto besser müsst ihr den Ball kontrollieren. Ein guter Fußballspieler setzt sich selbst im Besenschrank oder auf einer Briefmarke durch. Das meine ich jetzt aber nur bildhaft gesprochen. Ja, und wenn alles so klappt, wie ihr wollt, dann nehmt einen Flummi. Verflixt! Aber ich sage euch eins. Wenn ihr in Gummistiefeln „im Besenschrank" mit einem Flummi kicken könnt, dann gelingt euch mit einem richtigen Ball einfach alles. Dann könnt ihr euch jedes Trikot anziehen, besonders das Wilde-Fußballkerle-Trikot, und dann seid ihr gefährlich und wild. Selbst, wenn ihr nur ein T-Shirt besitzt, auf das ihr selbst „Wilder Kerl" geschrieben habt, und ein paar geflickte Sandalen. So wie Jojo, der mit der Sonne tanzt, aus dem Waisenhaus.

2. Socke allein gegen alle

Auch diese Übung hat Willi, der beste Trainer der Welt, mit den Wilden Fußballkerlen vor ihrem ersten und alles entscheidenden Match gegen den Dicken Michi und seine Unbesiegbaren Sieger trainiert.

Wie ihr wisst, machen alle Kinder, die mit dem Fußballspielen anfangen, immer denselben Fehler. Sie laufen nur mit dem Ball. Ja, in der G-Jugend, bei den ganz Kleinen, laufen sie sogar alle dem Ball hinterher. Dann sieht man nur einen riesigen Knäuel, der sich über das Spielfeld wälzt, und obwohl es ganz deutlich zwei Mannschaften gibt, spielt am Ende doch jeder nur gegen jeden. Selbst dem eigenen

Mannschaftskameraden stibitzt man die Kugel vom Fuß, weil man es doch selbst viel besser kann. Ja, und für viele ändert sich da auch nichts, wenn sie älter werden. Denkt nur an Deniz, die Lokomotive, wenn er vergisst, dass er eine Brille aufhat. Oder an Leon, den Slalomdribbler, Torjäger und Blitzpasstorvorbereiter, wenn er wieder einmal dickköpfig wird und ganz stur egoistisch, weil er das letzte, alles entscheidende Tor ganz allein schießen will, auch wenn seine Mannschaft dadurch verliert.

Aber Fußball ist ein Mannschaftssport. Ihr seid ein Team und nur wenn ihr die Stärke eines Teams ausnützen könnt, könnt ihr gewinnen.

Deswegen müsst ihr lernen, dass man nicht nur mit dem Ball läuft. Nein, der Spieler ohne Ball ist genauso wichtig. Nur wenn er sich richtig bewegt, wenn er freisteht und sich freiläuft, kann er dem Ballführenden helfen. Mit einem Doppelpass kann man den Gegner viel besser austricksen, als mit dem wildesten Besenschrank- oder Briefmarkendribbling. Vorlagen für ein Tor sind genauso entscheidend wie der Treffer an sich. Und noch eines ist wichtig. Damit fängt es oft an. Wenn ihr den Ball gepasst habt, ist das Spiel oder der Angriff für euch nicht vorbei. Dann bleibt nicht einfach nur stehen und schaut zu, was der Andere macht, sondern sprintet sofort in den Raum. Ein paar Schritte sind dafür oft schon genug. Dann löst ihr euch aus dem Schatten des Gegners und steht wieder frei. Ja, und genau das hat Willi den Wilden Fußballkerlen gezeigt, als er sie gegen Socke spielen ließ. Socke, Leons und Marlons Hund mit den Fledermausohren und dem Riesengebiss, der noch viel Ball vernarrter ist, als ein Wilder Fußballkerl, und doppelt so schnell wie Fabi, der schnellste Rechtsaußen der Welt.

Mir ist die Übung eingefallen, als ich mit den Wilden Fußballkerlen auf einem Turnier war und Socke nicht mit in die Turnhalle durfte, in der das Turnier an diesem Tag stattfand. Ja, auch Socke gibt es in echt. Er ist auch in Wirklichkeit Marlons und Leons Hund, und er ist noch viel größer und schneller als in den Büchern. Ja, und weil Socke deshalb nicht die ganze Zeit im Auto bleiben konnte, um dort auf uns zu warten, weil ich nicht genug Zeit hatte, um mit ihm ständig spazieren zu gehen und weil ich wollte, dass Socke auch seinen Spaß hat, hab ich die Wilden Fußballkerle in den Spielpausen mit auf den Parkplatz genommen. Dort haben sie sich im Kreis um Socke aufgestellt und mit ihm Matratze gespielt. So heißt das auf jeden Fall bei uns hier in München, wenn einer in der Mitte steht und versucht, den Ball, den die anderen im Kreis um ihn herum spielen, zu kriegen. Ja, und Socke war darin verflixt noch mal gut. Es hat mehrere Hallen-turniere gedauert, bis die Wilden Fußballkerle ihre zehn Pässe schafften, bevor Socke an den Ball kam.

Also habt ruhig ein bisschen Geduld.

Versucht es immer wieder und achtet darauf, dass ihr so schnell wie möglich abspielt. Stoppt den Ball so weich, dass er euch nicht vom Fuß springt. Denn dann ist er weg. Spielt am besten direkt und genau. Denn keiner von euch läuft schneller als ein Fußball besessener Hund. Und sobald ihr gepasst habt, lauft euch sofort wieder frei. Achtet immer darauf, dass der Hund nicht direkt zwischen euch und dem Ballführenden steht. Ja, und was noch ganz wichtig ist: Geht dem Ball immer entgegen. Erlauft ihn auf dem kürzesten Weg und wenn ihr nicht wisst, wie das geht, dann achtet auf euren Hund. Der macht es euch vor.

Ja, und den Hund müsst ihr euch natürlich besorgen.

Es ist egal, was für einer das ist. Ob es die Dogge eures Nachbarn oder der Pudel eurer Oma ist. Doch je kleiner der Hund, desto fairer müsst ihr sein. Nehmt einen kleineren Ball oder spielt mit weniger Spielern. Das könnt ihr auch tun, wenn ihr den Level erhöht und wenn es schwieriger werden soll. Ja, und wenn ihr keinen Hund habt, dann stellt euch selbst in die Mitte. Zuerst allein, dann zu zweit und dann immer so weiter. Die Profis spielen das mit gleichstarken Teams. Das heißt, in der Mitte sind genauso viele Spieler wie außen im Kreis. Und wenn ihr noch besser werden wollt, dann verkleinert das Feld. Je weniger Platz ihr braucht, um die anderen auszuspielen, um so wilder und gefährlicher wird euer Team.

Und hier noch ein Anreiz zum Schluss:

Wer es schafft, zu zweit gegen seinen Hund mehr als 20 Pässe zu spielen, der kann sich 10.000 Punkte auf seinen Steckbrief gut schreiben. Vorausgesetzt natürlich, der Wettkampf ist fair und euer Hund, mit dem ihr trainiert, ist kein uralter, blinder Minigolf-Fan.

3. Fußballduell

Diese Übung wird den Starrköpfen unter euch am besten gefallen,

denen von euch, die so sind wie Deniz, die Lokomotive, oder Leon, der Slalomdribbler. Ja, und obwohl ich euch gerade soviel vom Abgeben, Freilaufen oder dem Spiel ohne Ball erzählt habe, muss ich doch eines zugeben. Auch das Andere ist wichtig: Die Dickköpfigkeit. Der Drang zum Tor. Das Spiel Mann gegen Mann. Ja, verflixt! Ein Wilder Kerl muss sich durchsetzen können und er muss Selbstvertrauen besitzen. Das Selbstvertrauen, dass er es notfalls auch allein schaffen kann. Dann nämlich, wenn nichts anderes geht. Wenn seine Mitspieler alle gedeckt werden oder wenn ihn ein Pass seines Mittelfeldregisseurs auf Konterreise geschickt hat und er sich wie ein Maulwurf durch die gegnerische Abwehr hindurchwühlen muss.

Die Übung „Das Fußballduell" war die Aufnahmeprüfung von Deniz, der Lokomotive, im 5. Band der Wilden Fußballkerle. Damals hat Willi im Teufelstopf ein Spielfeld von sieben mal zwölf Metern abgesteckt und als Tore hat er zwei Bierkästen genommen. Die hat er auf der Mittelinie aufgestellt, und zwar querkant mit den Kästenböden gegeneinander. So standen die Tore Rücken an Rücken und niemand konnte, nachdem er einen Angriff auf sein Tor abgewehrt und den Ball zurückerobert hatte, mit einem Weitschuss auf das leere Tor seines Gegners einen Treffer erzielen. Nein, er musste immer erst um die Kisten herum. Ja, und dann hat Willi Deniz auf das Spielfeld gestellt und ein Wilder Kerl nach dem anderen hat ihn gefordert. Immer eins gegen eins und nur der Sieger blieb auf dem Platz. Und genauso sollt ihr es spielen.

Das erste Tor entscheidet über den Sieg.

Dann geht es gegen den nächsten und wer am meisten Spiele hintereinander auf dem Feld bleibt, der hat gewonnen. Das ist dann nicht nur gut, um dribbeln und kämpfen zu lernen, das ist auch verflixt noch mal gut für die Kondition. Ja, und wenn euch das Kämpfen nicht liegt, wenn ihr Angst davor habt, euch gegen den Körper des Gegners zu stemmen, mit angelegten Armen natürlich, dann müsst ihr euch daran gewöhnen. Dann müsst ihr zuerst noch eine andere Übung machen. Stellt euch in der Spielfeldmitte direkt voreinander ohne Ball auf. Presst eure Schultern gegeneinander und versucht dann, den Anderen zurück über die Torauslinie zu schieben.
Das macht ziemlich viel Spaß und wenn ihr wollt, könnt ihr eine wilde Rangliste einführen. So wie beim Tennis oder beim Boxen. Jeder kämpft gegen jeden und für jeden Sieg gibt es drei Punkte. Ein Unentschieden bringt einen Punkt und null gibt es für den

Verlierer. Ja, und wer am meisten Punkte besitzt, der ist Ranglisten-Erster und für jeden Tag, den er das bleibt, bekommt er 100 Punkte für seinen Wilde-Kerle-Steckbrief.

Jetzt habt ihr den Teamgeist und die Starrköpfigkeit trainiert.

Jetzt spielt ihr vielleicht schon manchmal wie Marlon, die Nummer 10, der Mittelfeldregisseur, oder wie sein Bruder Leon, der Slalomdribbler und Torjäger ist. Aber noch besser seid ihr, wenn ihr beides gleichzeitig könnt. Wenn ihr kämpfen und abspielen könnt. Und das lernt ihr, wenn ihr das Fußballduell mit zwei oder mehr Spielern pro Mannschaft durchführt. Probiert es einfach mal aus. Dann werdet ihr sehen, was ich damit meine.

4. Slalomdribbling

Diese Übung ist die Lieblingsübung von Leon.

Die Wilden Kerle haben sich dafür Besenstile besorgt. Die stecken sie in die Erde, in einer Reihe und immer im gleichen Abstand. Dann laufen sie zunächst ohne Ball im Slalom durch sie hindurch. Danach mit dem Leder. Sie führen die Kugel zuerst mit rechts. Dann mit links und dann mit beiden Beinen. Dabei stoppen sie die Zeit und wer am schnellsten ist, der hat natürlich gewonnen. Wenn man genug Stangen hat, kann man auch zwei Parcours abstecken und zwei Mannschaften bilden, die dann um die Wette trainieren. Das ist der **erste Level**.

Der **zweite Level** dieser Übung besteht darin, dass ihr die Stangen in ungleichen Abständen steckt.

Manchmal weit auseinander und dann wieder ganz eng zusammen. Und wenn ihr es noch schwieriger machen wollt, dann steckt ihr sie nicht in einer Reihe hintereinander, sondern kreuz und quer. So trainiert ihr nicht nur die kurzen Sprints, sondern auch noch das Hakenschlagen.

Für den **dritten Level** braucht ihr Seile.

Gummibänder sind noch viel besser. Die spannt ihr in unterschiedlicher Höhe zwischen den Stangen auf, sodass man sich entweder unter ihnen hindurchducken oder über sie hinwegspringen muss. Das alles macht ihr natürlich zuerst immer ohne den Ball, dann mit ihm und wie im ersten Schwierigkeitsgrad immer zuerst mit dem rechten, dann mit dem linken Fuß und zuletzt mit beiden zusammen.

Den **vierten Level** erreicht ihr, wenn ihr dabei rückwärts lauft, oder wenn ihr wieder den Tennisball anstatt des Fußballs nehmt. Und wenn ihr das alles könnt, dann seid ihr bereit für das, was am meisten Spaß macht und was am wildesten ist: Das Nintendo-Fußball-Training!

5. Nintendo-Fußball-Training

Diese Übung ist wie ein Computerspiel.

Steckt den Slalomstangenparcours unter einer Wäscheleine oder unter dem Querbalken des Fußballtores ab, sodass Wäscheleine oder Querbalken längs der Stangen laufen. Dann besorgt euch Wasserbomben, bindet sie an Schnüren an die Leine oder an den Balken und lasst sie, während einer von euch durch die Slalomtore dribbelt, wie Pendel hin- und herschwingen. Der Dribbler muss jetzt nicht nur auf den Ball oder die Stangen achten, er muss nicht nur über die Gummibänder springen oder unter ihnen wegtauchen. Er muss auch den Wasserbombenpendeln ausweichen, und wenn er das schafft, dann ist er verflixt noch mal echt wild.

Wenn ihr keine Wäscheleine oder Pendel auftreiben könnt, dann könnt ihr euch auch neben dem Parcours aufstellen und die Wasserbomben werfen. Eine weitere Schwierigkeitsstufe erreicht ihr, wenn der Ballführende gleichzeitig noch Dinge einsammeln muss. Verteilt z.B. Fußballsammelkarten auf dem Boden und beauftragt euren Mann-schaftskameraden, der durch den Parcours läuft, dass er nur die Spieler des FC Bayern, von Schalke 04 oder von Borussia Dortmund einsammeln soll. Und wenn ihr das alles geschafft habt, könnt ihr das Jedi-Training versuchen.

6. Jedi-Training

Diese Übung hat Willi mit den Wilden Fußballkerlen vor dem Spiel gegen den Dicken Michi und seine Unbesiegbaren Sieger trainiert.

Könnt ihr euch daran erinnern? Die Wilden Kerle mussten über die Schlaglöcher und Steine hinweg um die Wette laufen, und als sie das konnten, verband ihnen Willi die Augen. Jetzt mussten sie lernen, mit ihren Füßen zu sehen und ihrer Intuition zu vertrauen. Das ist verflixt noch mal ziemlich schwer. Aber ihr könnt es ja einfach mal versuchen!

Baut euch einen Parcours aus Hindernissen.

Stellt Kisten, Stolperdrähte oder Wassereimer in den Weg und dann lauft ihr um die Wette. Zuerst mit offenen Augen, und wenn ihr den Parcours richtig kennt, macht ihr das Ganze noch mal, indem ihr euch die Augen verbindet.

Aber gebt nicht so schnell auf!

Beginnt langsam und steigert euch Schritt für Schritt. Diese Übung ist verflixt schwer, aber wenn es Sommer ist, und man sie mit Wasserfallen verbindet, macht sie auch verflixt viel Spaß. Gerade dann, wenn die Wettläufer Fehler machen und in die Wasserschüsseln, Schlammlöcher oder die Planschbecken plumpsen, die ihr aufgebaut habt. Wenn sie auf dem glitschigen Boden ausrutschen wie Kühe auf der Schlittschuhbahn. Ja, und wenn ihr dann lacht, lernt ihr noch eine ganz wichtige Sache, die einen Wilden Fußballkerl ausmacht. Ihr lernt, dass Fehler lustig sein können, dass man Spaß haben kann, wenn man sie macht, und dass man so viel spielerischer und leichter aus ihnen lernt und sich verbessert.

7. Augen auf!

Diese Übung könnt ihr nicht nur auf dem Fußballplatz machen.

Sie geht überall. Zu jedem Zeitpunkt und an jedem beliebigen Ort. Willi verlangt sie von den Wilden Fußballkerlen in Band 8, in dem euch Fabi, der schnellste Rechtsaußen der Welt, sein Fußballabenteuer erzählt.

Willi verlangt, dass die Wilden Kerle ab jetzt immer zwei Sachen auf einmal tun.

Dass sie, wenn sie abends im Bett lesen, gleichzeitig die Autos zählen, die vor ihrem Haus vorbeifahren. Dass sie, wenn sie bei Nacht über die Steppe zu den Graffiti-Burgen fahren, die Ratten, die ihnen begegnen, nummerieren und mit Namen versehen. Dass sie, wenn sie Karten spielen, versuchen sich alle Spielkarten zu merken, die ausgespielt werden, während sie sich mit ihren Mitspielern ganz normal unterhalten. Dass sie neugierig sind und dass sie alles ausprobieren, was ihnen begegnet. Dass sie jedes Essen kosten, was ihre Mutter kocht, auch wenn es absolut eklig aussieht. Und dass sie, wenn sie boxen, beim Schlag des Gegners nicht die Augen zumachen, sondern dem Angriff mit offenen Augen begegnen, ihm ausweichen und danach zurückschlagen können. Aber damit will Willi die Wilden Fußballkerle nicht quälen. Er will ihnen Vertrauen vermitteln. Vertrauen in sich selbst und in das, was sie können. Denn das, was sie können, ist ihnen absolut sicher. Darauf können sich die Wilden Fußballkerle tausendprozentig verlassen.

Der Ball läuft dann wie von selbst vor ihren Füßen.

Der Pass erfolgt blind, und während das alles passiert, können die Wilden Kerle ihre Gegner beobachten. Sie können sie abschätzen und sie können vorausahnen, was diese tun. Probiert das einfach mal aus. Auch diese Übung ist schwer, aber die taugt euch nicht nur, um besser Fußball zu spielen. Sie macht euch insgesamt stark. Denkt nur an die Schule, wenn ihr einen Spickzettel habt und wenn ihr beim Test gleichzeitig den Lehrer beobachten müsst, der euch nicht erwischen darf, während ihr den Spickzettel lest!

WILDE REZEPTE

1. Fischstäbchensandwich (von Joschka, der siebten Kavallerie)

Ihr nehmt frische Brötchen, Semmeln oder Schrippen, je nachdem wie man sie bei euch nennt. Dann bratet ihr Fischstäbchen in der Pfanne an. Drei bis vier pro Semmel. (Achtung: zwei Fischstäbchensemmeln pro Person sind meistens genug, außer bei mir!) Dann packt ihr die fertigen Fischstäbchen auf eine Hälfte des Brötchens, schmiert ganz fett Ketschup auf die andere und presst beide Hälften so fest es geht zusammen. Jetzt könnt ihr es essen. Aber seid vorsichtig. Das tropft und saut fürchterlich rum!

Zutaten:

- Frische Brötchen
- 1 Packung Fischstäbchen
- Öl zum Braten
- Ketschup

2. Wassermelonensaft (von Rocce, dem Zauberer)

Ihr nehmt eine rote Wassermelone, schneidet das Fruchtfleisch in Stücke und zerkleinert es mit einem Zauberstab oder in einem Mixer. Dann presst ihr das Ergebnis durch ein feines Sieb, um die Kerne und das Fruchtfleisch herauszufiltern.
Den Saft könnt ihr noch süßen, mit Zucker oder noch besser mit Grenadinesirup. Aber passt auf: Macht es nicht zu süß.
Das Ganze serviert ihr dann in großen Gläsern mit dicken Strohhalmen auf zerstoßenem Eis.
Das Eis bekommt ihr klein, indem ihr Eiswürfel in ein Küchenhandtuch packt, das Küchentuch wie einen Beutel zusammenschlagt, den Beutel auf die Arbeitsplatte legt und mit dem Hammer drauf klopft.
Das macht Spaß und Durst!

Zutaten:

- 1 Wassermelone
- Zucker oder Grenadinesirup nach Belieben
- Eiswürfel

3. Bananen-Eismilchshake (von Marlon, der Nummer 10)

Für sieben Personen
Ihr nehmt vier Bananen und schneidet sie klein.
Dann werft ihr sie in 600 ml Vollmilch.
Dazu löffelt ihr 500 g Vanilleeis
(Vorsicht! Nicht selber essen! Die Löffel mit dem Eis kommen zu den Bananen in die Milch!)
Dazu kommen zwei Teelöffel Vanillinzucker und ein Teelöffel Zucker.
Das Ganze wird mit einem Zauberstab cremig geschlagen und in Gläser gefüllt.
Wenn ihr Bananen nicht mögt, könnt ihr auch jede andere Frucht nehmen.
Mit Melone z.B. schmeckt es meinem Vater am besten.

Zutaten:

- 4 Bananen
- 600 ml Vollmilch
- 500 g Vanilleeis
- 2 TL Vanillinzucker
- 1 TL Zucker

4. Roter Wildsaft (von Leon, dem Slalomdribbler)

Für sieben Personen

Ihr braucht: 600 ml Mineralwasser ohne Kohlensäure, 300 ml Grenadinesirup und 100 ml Zitronensaft. Das Ganze gut mischen und in großen Gläsern auf dicken Eiswürfeln servieren. Je größer die Eiswürfel, umso besser klimpern sie. Das Ganze trinkt man lässig auf einer Party im Stehen und ein Strohhalm kommt in diesem Fall überhaupt nicht cool.

Zutaten:

- 600 ml Mineralwasser (ohne Kohlensäure)
- 300 ml Grenadinesirup
- 100 ml Zitronensaft
- Eiswürfel

5. Wilde-Fußballkerle-Punsch (von Willi, dem bestern Trainer der Welt)

Für sieben Personen

Ihr nehmt:

250 ml Grenadinesirup
350 ml Mineralwasser mit Kohlensäure
5 Teelöffel Schweppes Indian Tonic
3 Teelöffel Zitronensaft

Dann mischt ihr das Ganze zusammen, erhitzt es in einem Topf und rührt kräftig um. Serviert den Punsch so heiß wie möglich.

Zutaten:

- 250 ml Grenadinesirup
- 350 ml Mineralwasser (mit Kohlensäure)
- 5 TL Schweppes Indian Tonic
- 3 TL Zitronensaft

6. Apfelpfannkuchen (von Felix, dem Wirbelwind)

Für sieben Personen

Ihr macht Pfannkuchenteig. Dafür braucht ihr:
1 Ei, 600–700 g Mehl, 550 ml Milch, 1 Messerspitze Salz,
5 Esslöffel Zucker, 1 Päckchen Vanillinzucker.

Ihr mischt alle Zutaten zusammen und rührt so lange um, bis es keine Klumpen mehr gibt.
Dann schüttet ihr einen halben Liter Mineralwasser (mit Kohlensäure) dazu und rührt wieder. Schält fünf Äpfel und schneidet sie in hauchdünne Scheiben.

Dann geht es los:
Ein bisschen Fett in die Pfanne. Wenn das heiß ist, gießt ihr den Teig dazu. Ein Tipp: Je dünner der Pfannkuchen, desto besser schmeckt es am Ende.
Während der Pfannkuchen brät, verteilt ihr die Apfelscheiben auf einem Viertel des Pfannkuchens.
Dann dreht ihr den Pfannkuchen um, bis beide Seiten goldbraun sind.
Noch in der Pfanne streut ihr Zimt und Zucker darauf.
Dann faltet ihr den Pfannkuchen zweimal zusammen, sodass er nur noch so groß wie ein Viertelkreis ist.
Den legt ihr nun auf einen Teller im Backofen (auf 50 Grad), damit er heiß bleibt, bis alle fertig sind.

Zutaten:
- 1 Ei
- 600–700 g Mehl
- 550 ml Milch
- 1 Messerspitze Salz
- 5 EL Zucker
- 1 Päckchen Vanillinzucker
- 500 ml Mineralwasser (mit Kohlensäure)
- 5 Äpfel
- Öl zum Ausbacken

7. Wilder Sonnenaufgang (alkoholfreier Cocktail von Marlon, der Nummer 10)

Rezept für einen Drink in einem mittelgroßen Glas.

Ihr füllt ein Fünftel des Glases mit Grenadine. Darauf kommt ein weiteres Fünftel Orangensirup, dann ein Fünftel Orangensaft und darauf noch mal zwei Fünftel Wasser ohne Kohlensäure. Zum Schluss gebt ihr noch einen Schuss Zitronensaft dazu. Aber Achtung: Reihenfolge streng einhalten und auf keinen Fall verrühren!

Schaut es euch einfach mal an und genießt einen fruchtigen Sonnenaufgang. Dann am besten in einem Zug trinken. Raah!

Zutaten: 1/5 Grenadinensirup, 1/5 Orangensirup, 1/5 Orangensaft, 2/5 Wasser, 1 Schuss Zitronensaft

Zutaten:
- 2 Salatköpfe oder 2 Gurk
- Kartoffeln (4–6 pro Pers
- Speck nach Belieben
- Zwiebel
- Öl zum Anbraten
- Pfeffer, Salz und Essi

8. Salat Durcheinander (von Fabi, dem schnellsten Rechtsaußen der Welt)

Ihr nehmt zwei Salatköpfe oder zwei große Gurken. Den gewaschenen Salat zupft ihr in kleine Stücke. Die geschälten Gurken zerschneidet ihr in hauchdünne Scheiben. Ihr könnt die Gurken und den Salat natürlich auch mischen. Dann schält und viertelt ihr ca. vier bis sechs große Kartoffeln pro Person. Die kocht ihr gar. Gleichzeitig schneidet ihr etwas Speck in Würfel und bratet ihn zusammen mit einer kleingehackten Zwiebel in einer Pfanne goldbraun.

Danach muss alles ganz schnell gehen, denn die Kartoffeln dürfen nicht kalt werden. Ihr schüttet das Wasser von den Kartoffeln ab und zerstampft sie. Aber nur grob, nicht so wie bei Kartoffelpüree. Dann mischt ihr den Speck, die Zwiebeln und den Salat ganz schnell darunter und würzt das Ganze mit Pfeffer, Salz und, wenn es euch wie mir gefällt, mit einem guten Schuss Essig.

Passt mit dem Salat auf oder den Gurken. Nehmt nur so viel davon wie ihr mögt. Ja, und dann lasst es euch schmecken!

9. Wilde Falaffel (von Jojo, der mit der Sonne tanzt)

Ihr nehmt 400 g Kichererbsen aus der Dose und püriert sie mit einem Zauberstab oder Mixer. Dann rührt ihr drei Eier dazu, einen Teelöffel Kurkumapulver, einen Teelöffel zerriebenen Kreuzkümmel, einen Esslöffel frisches Koriandergrün, sechs bis acht klein grschnittene Frühlingszwiebeln und je nach Geschmack schwarzen Pfeffer und Salz. Ja, und wenn ihr es scharf mögt, so wie ich, noch eine zerhackte Chili. Das Ganze verrührt ihr und fügt vorsichtig Paniermehl dazu, bis der Teig fest genug ist.

Ein Tipp: Wenn ihr den Teig länger stehen lasst, braucht ihr weniger Paniermehl und dann schmecken die Falaffel noch besser. Dann rollt ihr den Teig in euren Händen zu kleinen Kugeln (mit ca. zwei Zentimetern Durchmesser). Dabei müsst ihr die Hände immer mit Wasser feucht halten, sonst gibt's einen richtigen Batz.

Wenn ihr die Kugeln fertig gerollt habt, dann fragt ihr eure Mutter nach einer Friteuse oder einer ganz tiefen Pfanne. In die füllt ihr ca. 1 1/2 Zentimeter Öl und erhitzt es. Wenn es ganz heiß ist, legt ihr die Teigkugeln in das Öl und frittiert sie goldbraun. Dann stapelt ihr sie auf einem Teller, den ihr mit einem Küchentuch aus Papier ausgelegt habt. Das saugt das restliche Fett von den Falaffeln ab. Die Falaffeln schmecken mit allen möglichen Soßen. Ich mag sie am liebsten scharf oder mit indischem Mango-Chutney, Leon aber isst sie am liebsten mit griechischem Tsatsiki.

Zutaten:

- 400 g Kichererbsen (aus der Dose)
- 3 Eier
- 1 TL Kurkumapulver
- 1 TL Kreuzkümmel (gemahlen)
- 1 EL frisches Koriandergrün
- 6–8 Frühlingszwiebeln
- Pfeffer und Salz nach Belieben
- Paniermehl
- Öl zum Frittieren

10. Wilde Würste (von Willi, dem besten Trainer der Welt)

Die wilden Würste sind kein Rezept. Sie sind ein Ritual, so wie beim Winterlagerfeuer in Band 7, dem Abenteuer von Maxi „Tippkick" Maximilian, dem Mann mit dem härtesten Schuss auf der Welt. Ihr besorgt euch die dicksten Würste, die ihr auftreiben könnt. Ich nehme entweder Käse-Krainer oder tschechische Speckwürste. Das sind die dicksten und besten. Die werden auf Äste gesteckt, die ihr euch selber geschnitten und zugespitzt habt. Kerbt die Würste noch ein, damit sie nicht platzen, und haltet sie so lange über das Feuer, bis sie braun und knusprig sind.

So schmecken sie echt wild: Taucht die Würste in Ketschup und Senf, so dass es tropft, und esst so viel, wie ihr könnt. Ja, und dabei müsst ihr euch am Lagerfeuer (oder am Grill) natürlich Geschichten erzählen. Geschichten über wilde, alles entscheidende Matches oder andere Heldentaten. Raaah!

Zutaten:
- dicke Würste: Käse-Krainer, oder tschechische Speckwürste
- Senf und Ketschup nach Belieben

II. Wilder Fußballkuchen (von Vanessa, der Unerschrockenen)

Hi, bei diesem Rezept hat mir meine Oma Schrecklich geholfen. Seit meinem Geburtstags-Fußballturnier hat die sich ganz schön verändert. Dafür leg ich meine Beine ins Feuer. Ihr müsst echt keine Angst haben, dass der Kuchen quietschrosa wird!

A. Eine Kuchenform ist natürlich unbedingt notwendig. Wir haben eine in Form eines halben Fußballs. Das ist echt wild. Vielleicht gibt es die ja auch bei euch zu kaufen. Ansonsten geht natürlich jede andere Kuchenform.

B. Und dann müsst ihr euch all die Sachen besorgen, die in den Kuchen gehören (Zutaten siehe Zettel). Aber schreibt sie euch besser auf, wenn ihr einkaufen geht. Sonst geht es euch so wie mir: Ihr steht im Geschäft und habt alles vergessen. Kacke verdammte! War das vielleicht peinlich. Aber wie soll man sich so viele Dinge auch auf einmal merken!

Und so geht's:

C. Den Backofen auf 175 Grad vorheizen. Die Kuchenform großzügig mit Butter einfetten und mit Semmelbröseln ausstreuen. (Dann klebt später nichts vom Kuchen fest.)
Die Butter und den Zucker cremig rühren.
Nacheinander die Eier und die Milch unterrühren.
Das Mehl mit dem Backpulver und den Mandeln verquirlen und unter den Teig schlagen.
Zwei Drittel des Teiges abnehmen, die weiße Kuvertüre klein hacken und druntermischen.
Das Kakaopulver mit etwas Milch cremig rühren und unter das restliche Drittel des Teiges mischen.
Den hellen Teig in die Form gießen.
Den dunklen Teig vorsichtig darüber schichten und ein paar Mal mit einer Gabel hindurchfahren, damit der Kuchen schöne Marmoradern bekommt. Aber Vorsicht! Nicht zu oft rühren, sonst wird's eine hellbraune Pampe!

D. Auf mittlerer Stufe (je nach Form und Ofen) ca. 50 Minuten bis 1 Stunde backen. (Stricknadeltest: Wenn nichts mehr an der Nadel kleben bleibt, ist der Kuchen fertig.)

E. Nach Abkühlen die restliche Schokolade schmelzen und den Kuchen nach Geschmack verzieren. Am besten natürlich mit dunkler Kuvertüre, sozusagen schwarz wie die Wilde-Kerle-Sachen, und mit der weißen malt ihr den Wilden Kerl drauf (Schablone findet ihr in diesem Buch!). Das wird der coolste Geburtstags- oder Turniersieges-Feier-Kuchen, den ihr kriegen könnt!

Zutaten:

Für den Teig:
- 450 g weiche Butter oder Margarine
- 225 g Zucker
- 9 Eier
- 150 ml Milch
- 390 g Mehl
- 6 Teelöffel Backpulver
- 120 g gemahlene Mandeln
- 270 g weiße Kuvertüre (Schokolade)
- 6 EL Kakaopulver

Für den Guss:
- 360 g braune Kuvertüre (Schokolade)
- evtl. auch etwas weiße Schokolade für die Verzierung

Wilde Logos

Den Grund für dieses Kapitel muss ich euch mit Sicherheit nicht erklären.

Jeder Verein hat sein Logo oder Wappen, das auf allem draufsteht, was man sich vorstellen kann: Auf den Trikots, den Bällen, den Kappen, T-Shirts, Jacken, Rucksäcken, Wimpeln und Fahnen. Euch fällt bestimmt noch mehr dazu ein. Zum Beispiel: Tattoos, Fahrradschilder, Siegel und Briefumschläge, Tassen, Handtücher, Stutzen und so weiter. Ja, und weil ein Wilder Fußballkerl, der richtig wild sein will, sich diese Dinge zur Not alle selbst machen kann, haben wir euch hier einige Wilde-Kerle-Logos abgedruckt.

Die könnt ihr abzeichnen, kopieren und als Vorlagen benutzen.

Die Wilden Fussballkerle benutzen wasserfeste Edding-Stifte für ihre Tattoos, Stoffarben für T-Shirts, Fahnen und Hosen. Und die Logos für die Trikots und Handtücher schneiden sie aus Stoff aus und kleben sie mit Stoffkleber auf.

DIE WILDEN KERLE
TM
Artists Acrylic
Nr. 45229
40 ml Gr. II

WILDER PAKT

Jede Fußballmannschaft, die wild und professionell sein will, braucht nicht nur Fußballspieler.

Sie braucht auch Spielerverträge, mit denen sie ihre Spieler verpflichtet. Das ist unbedingt notwendig. Sonst könnte ja jeder kommen und gehen, wie es ihm passt. Oder eure Gegner könnten vor einem wichtigen Spiel einfach neue, stärkere Spieler verpflichten, die sich dann, nach dem Match, wieder in alle Himmelsrichtungen verstreuen. Das wäre doch unfair, findet ihr nicht? Ja, und dann gibt es noch einen anderen Grund.

Man muss sich auf seine Mitspieler verlassen können.

Und zwar tausendprozentig: Besonders wenn es brenzlig wird, wenn es nach Niederlage riecht oder nach absoluter Gefahr. Wenn alles auf eine Karte gesetzt werden muss, wenn es um Würde geht und um Ehre und Stolz. Wenn einer eurer Freunde so tief in der Patsche sitzt, dass nur ihr ihm noch helfen könnt. Ja, und das passiert euch als Wilden Kerlen sehr oft.

Als Wilde Fußballkerle seid ihr nicht nur ein paar herumkickende Jungs.

Ihr seid nicht nur eine Fußballmannschaft, sondern ihr seid eine richtige Gang. So etwas wie Robin Hood und seine Gesetzlosen im Sherwood Forrest oder wie Luke Skywalker und die Rebellen im Krieg der Sterne. Ihr seid eine Seeräuber-bande, die wie Pech und Schwefel zusammenhält, und deshalb braucht ihr einen richtigen Pakt. Einen wilden Pakt, den ihr abschließt, beschwört und besiegelt mit den Piratenschatzkarten-Spielerverträgen. Auf ihnen steht nicht nur euer Name und der eures Teams. Auf ihm stehen auch die Regeln, die für euch gelten, wenn ihr den Vertrag unterschreibt.

Ja, und damit ihr wisst, wie so etwas aussehen kann, haben wir euch einen der echten Wilde-Fußballkerle-Spielerverträge hier abgedruckt.

WILDE KERLE

SPIELERVERTRAG

für Raban, den Helden

Rückennummer: 99 (für seine Unberechenbarkeit) Funktion: Ersatztorjäger

Satzung der Wilden Kerle:

1) Sei wild!
2) Alles ist gut, solange du wild bist!
3) Gib niemals auf!
4) Einer für alle und alle für einen!
5) Wer die Wilden Kerle jemals verlässt, der ist ein Verräter.

Unterschrift: Raban

WILDER PLAN

Der wilde Plan ist eine verflixt wichtige Hilfe für eure zukünftigen Abenteuer
und die solltet ihr auf keinen Fall in den Wind schlagen oder unterschätzen. Es ist nämlich überhaupt nicht wild, wenn man sich kopflos in ein Abenteuer stürzt. Das ist sogar ziemlich dämlich.
Ein Wilder Fußballkerl macht sich vorher immer einen Plan, in dem er alle Gefahren, die auf ihn zukommen können, berücksichtigt und berechnet. Ja, und weil er das tut, rechnet er immer damit, dass etwas schief gehen kann, dass er verflixt noch mal ganz tief in die Patsche geraten könnte. Und für diesen Fall entwirft er schon im Voraus einen Plan B. Der ist sein Trumpf, den er ausspielen kann, wenn der Gegner bereits ganz fest an seinen Sieg glaubt.
Wenn er unvorsichtig wird und deshalb verwundbar ist. Denkt nur an den ersten Band. Da haben die Wilden Fußballkerle das Spiel gegen den Dicken Michi und seine Unbesiegbaren Sieger gewonnen. Sie haben ihren Bolzplatz verteidigt. So war es abgemacht. Doch der Dicke Michi hält sich einfach nicht an die Vereinbarung. Er ist ein schlechter Verlierer, und weil er größer, stärker und brutaler als die Wilden Fußballkerle ist, versucht er sie mit roher Gewalt zu vertreiben. Die Situation ist ganz furchtbar. Die Wilden Kerle haben gewonnen und trotzdem alles verloren.

Doch zum Glück gibt es Raban, den Helden.

Der hat an alles gedacht. Er hat nicht nur Willi, ihren Trainer zurückgeholt. Er hat nicht nur das Siegestor geschossen. Nein, schon in der Halbzeit hat er Joschka beauftragt, Hilfe zu holen. Ja, und Joschka, die siebte Kavallerie, macht seinem Namen alle Ehre.
Im allerletzten Moment erscheint er mit Socke, Leons und Marlons Hund mit den Fledermausohren, und der jagt den Dicken Michi aus dem Teufelstopf raus.

Versteht ihr jetzt, was ich meine?

Nun, dann könnt ihr euch die Seiten für euren wilden Plan aus diesem Buch kopieren. Oder ihr macht ihn euch selbst. Nehmt ein Papier, malt euer Logo darauf und kopiert es so oft wie ihr es braucht. Ja, und dann müsst ihr nur noch eure Abenteuer suchen und finden. Viel Spaß!

Wilder Plan A

Wilder Plan B

WILDER STECKBRIEF

Wilde-Kerle-Name:

Richtiger Name:

Wohnort:

Geboren am:

Sternzeichen:

Funktion:

Rückennummer:

Spezialität:

Schimpfwort:

Eigenschaften:

Fahrrad:

Lieblingsessen:

Lieblingsgetränk:

Lieblingssüßigkeit:

Lieblings-TV-Sendung:

Lieblingsfilm:

Lieblingsbuch:

Wilde Taten:

Kopfgeld:

Foto

WILDE KERLE

SPIELERVERTRAG

Foto

für ______________________________

Rückennummer: ____ Funktion: ______________________

Satzung der Wilden Kerle:

1) Sei wild!
2) Alles ist gut, solange du wild bist!
3) Gib niemals auf!
4) Einer für alle und alle für einen!
5) Wer die Wilden Kerle jemals verlässt, der ist ein Verräter.

Unterschrift: ______________________________

WILDE GESCHICHTE

Kalendertag/Jahr	Ereignis

DAS WILDE KERLE LAND

Unsere Wilde-Kerle-Karte

WILDE GESCHICHTE

Hier könnt ihr die wichtigsten Daten und Ereignisse aus der Wilden-Fußballkerle-Geschichte finden. Jedes Land, jedes Imperium und jede Räuberbande besitzt solch eine Geschichte. Deshalb gibt es die Märchen, die Legenden, Mythen und Sagen, und die liebt ihr doch? Oder habt ihr noch nie was von König Arthur, dem Kampf um Troja, dem Wilden Westen, dem Krieg der Sterne oder dem Herr der Ringe gehört? Ja, eine Geschichte macht die Menschen groß und stark. Sie ist das, was man ist, weil sie alles enthält, was man bisher erlebt hat. Und damit auch ihr eure eigenen Sagen, Legenden und Geschichte bekommt, solltet ihr alles aufschreiben, was euch passiert.

Leon der Slalomdribbler (Band 1)

Anfang April

Anfang der Osterferien: * Kampf gegen den ewigen Winter. Maxi „Tippkick“ Maximilian, der Mann mit dem härtesten Schuss auf der Welt, wird zum Märtyrer. Indem er seinem Vater den Globus gegen den Kopf schießt, opfert er sich und besiegt das ewige Eis.

* Willi, der beste Trainer der Welt, wird Trainer der Wilden Fußballkerle.

* Leon wirft Raban und Joschka aus der Mannschaft. Jojo und Markus kommen dazu.

Mitte April
Ende der Osterferien:

* Willi ist ein Lügner. Er wird von den Wilden Fußballkerlen gefeuert.

* Maxi bricht sein Schweigen und bringt die Wilden Kerle dazu, sich dem Kampf gegen den Dicken Michi zu stellen.

* Raban und Joschka kehren zurück. Raban holt Willi zu Hilfe. Er wird wieder der beste Trainer der Welt.

* Die Wilden Fußballkerle besiegen den Dicken Michi und seine Unbesiegbaren Sieger im alles entscheidenden Match um den Bolzplatz, dem Mittelpunkt ihrer Welt.

Felix der Wirbelwind (Band 2)

Juni

Ende der Pfingstferien:

* Rocce, der Zauberer, der Sohn des brasilianischen Fußballstars Giacomo Ribaldo, kommt in die Schule der Wilden Fußballkerle.

* Camelot, das dreistöckige Baumhaus von Juli und Joschka, wird die Vereinszentrale.

* Die Wilden Fußballkerle gründen einen Verein mit Logo, Trikots, Satzung und Spielerverträgen.

* Felix erfindet den Wilde-Kerle-Gruß:
„Alles ist gut!"
„Solange du wild bist!"

Juli

* Die Mutprobe:
Die Wilden Fußballkerle hören auf den Rat des Revolverhelden und springen von der Alten Holzbrücke über dem Kanal.

* Die Wilden Fußballkerlerle fordern den FC Bayern heraus, verlieren und gewinnen Rocce als Mitspieler und dessen Vater als Sponsor und Freund.

Vanessa die Unerschrockene (Band 3)

Anfang September

Ende der Sommerferien:

* Vanessa, die Unerschrockene, zieht mit ihrem Vater nach Grünwald. Die Wilden Kerle hassen sie und wollen sie nicht mitspielen lassen.

* Vanessa gibt nicht auf. Sie fordert die Wilden Kerle zum Geburtstags-Fußballturnier heraus.

* Vanessa gewinnt in rosa Pumps und schließt endlich Freundschaft mit Oma Schrecklich.

* Vanessa wird ein Wilder Kerl: das wildeste Mädchen diesseits des Finsterwalds.

Juli die Viererkette (Band 4)

Ende September

* Willi baut den Bolzplatz zum Teufelstopf um, dem Hexenkessel aller Hexenkessel, dem Stadion der Wilden Kerle e. W, und er errichtet eine waschechte Baustrahler-Flutlichtanlage.

* Die Wilden Kerle spielen in einer eigenen Liga, der Gruppe 8 der E-Jugendmannschaften. Oder wie

Joschka es nennt: Die Wilden Kerle spielen in der 8. Dimension.

* Juli sucht seinen Vater in den Graffiti-Burgen und wird vom Dicken Michi gefangen genommen und danach erpresst.

Anfang Oktober

* Juli wird zum Verräter und zum Unbesiegbaren Sieger.

* Juli wird von seinen Freunden gerettet. Das Baumhaus wird zur Festung ausgebaut und in der Schlacht um Camelot wird der Dicke Michi endgültig besiegt.

* Juli findet seinen Vater und rettet das erste Hinrundenspiel in der Dimension 8. Die Wilden Fußballkerle und der SV 1906 trennen sich unentschieden.

Deniz die Lokomotive (Band 5)

Mitte Oktober

* Die Wilden Kerle gewinnen gegen den TSG Hertha 05.

* Deniz, die Lokomotive, der Türke vom TSG Hertha 05, wird gegen den Widerstand von Fabi und Leon ein Wilder Fußballkerl.

* Fabi und Leon verlassen die Wilden Kerle.
* Die Wilden Fußballkerle verlieren gegen den Tabellenletzten TSV Solln.
* Deniz fordert Leon zum Fußballduell heraus und holt ihn und Fabi so zu den Wilden Fußballkerlen zurück.
* Die Wilden Fußballkerle besiegen die SpVg Unterhaching und gehen auf Herbstmeisterschaftskurs.

Raban der Held (Band 6)

November

* Raban begegnet seinem Spiegelgeist.
* Die Wilden Fußballkerle verlieren gegen den TSV Turnerkreis und den Kampf um die Herbstmeisterschaft.
* Raban ist schuld daran und wird geächtet.

Dezember

* Die Glühwein-Glühwürmchen-Nacht: Raban erfährt von Willi das größte Geheimnis, das es für einen Fußball spielenden Jungen gibt.

Silvester

* Das Fußballorakel im alten 60er Stadion: Raban erhält seine neue Bestimmung und den schwarzen Wilde-Kerle-Ball.

1. Januar

* Die Wilden Kerle schwören auf Camelot, dass sie 2006 bei der Fußballweltmeisterschaft dabei sein werden.

* Raban besiegt seinen Spiegelgeist in einem Schimpfwörter-Duell.

Maxi „Tippkick" Maximilian (Band 7)

1. Januar

* Maxi verliert seine Stimme und niemand bemerkt es, weil er fast nie spricht.

7. Januar

* Winterlagerfeuer:
Willi erzählt von der Hallen-Stadtmeisterschaft.

* Fabi und Leon verraten den Weg durch die Magische Furt und den Wilden Wald, über die Gespensterbrücke und durch das Fauchende Tor zu ihrem Geheimtreffpunkt.

* Fabis und Leons Geheimtreffpunkt wird die Geheimhalle der Wilden Fußballkerle, in der sie für die Hallen-Stadtmeisterschaft trainieren.

8. Januar

* Maxi, der Mann mit dem härtesten Schuss auf der Welt, bekommt Gummibeine.

* Maxi soll ins Internat

12. Januar

* Maxi bekommt den schwarzen Punkt. In den Augen der Wilden Kerle ist er ein Verräter.

* Die Horrorgruselnacht

* Maxi bekommt seine Stimme wieder und den Trippel-M.S., den Mega-Mörser-Monster-Schuss.

* Der Dicke Michi und die Wilden Kerle werden Freunde.

Fabi der schnellste Rechtsaußen der Welt (Band 8)

18. Januar

* Leon zeigt Fabi ihr neues Geheimversteck: Der unterirdische Hangar mit der P 51 Twin Mustang liegt weit in der Steppe noch hinter den Graffiti-Burgen.

19. Januar

* Die Wilden Kerle gewinnen die Qualifikation zur Hallen-Stadtmeisterschaft.
* Fabi wird von einem Scout entdeckt und für die Bayern angeworben.

21.Januar

* Fabi geht heimlich zum Bayerntraining.
* Fabi bekommt den schwarzen Punkt und wird von den Wilden Fußballkerlen für immer als Verräter verbannt.

26. Januar

* Fabi schießt das entscheidende Tor für die Wilden Fußballkerle zum Sieg bei der Hallen-Stadtmeisterschaft gerade gegen seinen zukünftigen Verein, den FC Bayern München.
* Fabi entscheidet sich dafür, bei den Wilden Fußballkerlen zu bleiben.

Joschka die siebte Kavallerie (Band 9)

7. März

* Joschkas 7. Geburtstag
* Joschka fordert die Flammenmützen aus der Nebelburg zum Kampf um das Wilde-Kerle-Land heraus.

10. März

* Wilson „Gonzo“ Gonzales, der blasse Vampir und Anführer der Flammenmützen, will die Wilden Kerle für immer vernichten.

11. März

* Die kannibalistisch-touristische Vodoomacht: Die Wilden Kerle besiegen in Unterhosen den SV 1906.

* Camelot wird von den Flammenmützen zerstört.

* Die Wilden Fußballkerle verlieren die Schlacht um den Teufelstopf, der von den Flammenmützen zu einem Fort ausgebaut worden ist.

12. März

* Joschka schleicht in den Teufelstopf und besiegt den blassen Vampir ganz allein.

19. März

* Die Flammenmützen retten den Sieg der Wilden Fußballkerle gegen den TSG Hertha 05.

* Die Flammenmützen und die Wilden Kerle werden zu Verbündeten.

WILD WIE
ANLEITUNG
EINMAL WILD,
IMMER WILD!
L+V
KEIN
ZURÜCK

WIR
ZUM WILDSEIN
Zurüc
gehts n
durch d
Hölle
VORSICHT
EINBAHNSTRASSE INS ABENTEUER

Wild wie wir

Vorsicht! Dieses Kapitel steht nicht umsonst ganz am Schluss! Es ist das wichtigste, das Herz und die Seele des Wilden Buchs. Deshalb solltet ihr es auch erst ganz am Schluss lesen. Hier geht es um den Ritterschlag. Hier könnt ihr selbst zum Wilden Fußballkerl werden. Aber so verlockend das klingt, überlegt es euch gut! Die Warnschilder, die ihr gerade gelesen habt und die ihr überall sehen könnt, hab ich nicht umsonst aufgestellt. Aber Quatsch! Was sag ich euch da? Wenn ihr reif seid für dieses Kapitel, dann tut ihr sowieso, was ihr wollt. Deshalb leg ich jetzt los und überlass die Verantwortung euch. Die muss man nämlich ganz und gar übernehmen, wenn man wild sein will. Ja, genau, wenn man wild ist, steht man zu dem, was man macht, auch wenn es der größte Mist ist.

Das war die erste Bedingung:

1. **Ein Wilder Fußballkerl kneift nicht.**

Er steht immer zu dem, was er macht.

Die zweite lautet wie folgt:

2. **Ein Wilder Fußballkerl ist niemals allein!**

Das heißt, ihr müsst mindestens einen Freund haben, der auch ein Wilder Fußballkerl werden will. Erst zu zweit seid ihr nämlich ein Team, eine Mannschaft. Besser ist es natürlich, wenn ihr noch mehr Freunde zusammentrommeln könnt. Sieben wären optimal. Damit seid ihr schon eine Kleinfeldmannschaft! Und noch mehr sind einfach hasta-la-vista-bombastisch-turbo-dampfhammmerstark und als Beweis dafür, egal wie viele ihr seid, braucht ihr ein Mannschaftsfoto.

Ja, und damit haben wir die dritte Bedingung:

3. **Wilde Fußballkerle sind immer ein Team!**

Gut, damit haben wir die einfachen und harmlosen Sachen erledigt. Jetzt wird es ganz langsam ernst.

Das ist die vierte Bedingung:

4. **Jeder Wilde Fußballkerl braucht einen Steckbrief!**

Wisst ihr überhaupt, was ein Steckbrief ist? Ich weiß nicht, wer von euch noch Robin-Hood- oder Wildwest-Filme anschaut.

Zu meiner Zeit war das absolut in und bei Robin Hood zum Beispiel wurden die Guten und Wilden immer von den Bösen gejagt. Ja, und damit die Bösen die Wilden fangen konnten, hat man Steckbriefe aufgehängt. Wisst ihr, damals gab es weder Zeitungen noch Fernsehen, da musste man andere Mittel benutzen, um etwas bekannt zu machen, und Steckbriefe waren so etwas wie gemalte Plakate. Auf ihnen sah man ein Bild des Gesuchten und eine Beschreibung stand darauf, woran man ihn sonst noch erkennen kann. Und zur Belohnung wurde das Kopfgeld ausgeschrieben. Das war das Geld, das derjenige bekam, der den Gesuchten verriet. Ja, und je wilder und gefährlicher derjenige war, den man fangen und einsperren wollte, um so höher war die ausgesetzte Belohnung.

Deshalb braucht ihr einen Steckbrief. Wie er aussehen soll, könnt ihr an den Steckbriefen der Wilden Kerle in diesem Buch sehen. Euren eigenen Steckbrief malt euch dann bitte selbst, denn das ist am wildesten. Wenn ihr das aber nicht könnt, dann gibt es auf S. 102 eine Vorlage, die könnt ihr abmalen, einscannen und ausdrucken oder kopieren und vergrößern. Das gilt übrigens auch für die Landkarte und die Spielerverträge, von denen ich euch gleich noch erzähle. Aber egal, was ihr macht, folgende Punkte sollte euer Steckbrief enthalten:

A. Ein Bild oder eine Zeichnung von euch, so wie ihr als Wilder Fußballkerl ausseht

B. Euer Name, wie ihr in Wirklichkeit heißt, euer Alter, euer Geburtsdatum und euren Wohnort

C. Euer Wilde-Fußballkerle-Sternzeichen

Das setzt sich aus dem „normalen" Sternzeichen, dem chinesischen und dem indianischen Sternzeichen zusammen. Ich wurde zum Beispiel am 1. September 1960 geboren und bin deshalb eine Jungfrau, eine Ratte und ein Braunbär. Deshalb lautet mein Sternzeichen: jungfräulicher Rattenbraunbär.

Um euer wildes Sternzeichen zu bestimmen, könnt ihr im Anhang euer indianisches und chinesisches Sternzeichen herausfinden. Ihr könnt aber auch andere Sternzeichen als diese nehmen, zum Beispiel die der Eskimos oder Inuits, wie sie sich selbst nennen.

D. Euer Wilde-Fußballkerle-Spitzname

Leon heißt zum Beispiel der Slalomdribbler, Torjäger und Blitzpasstorvorbereiter, und Raban heißt Raban, der Held.

E. Euer ganz persönliches Wilde-Fußballkerle-Schimpfwort

Julis Schimpfwort heißt: Kreuzkümmel und Hühnerkacke, oder: Kreuzkackendes Kümmelhuhn; Kreuzkack und Kümmelhuhn oder Kreuzdings und Hühnerwas; Vanessa aber sagt einfach nur: „Schitte“, oder manchmal auch „Kacke verdammte“, weil sie Leon so mag und toll findet.

F. Eure ganz persönliche Wilde-Fußballkerle-Eigenschaft

Maxi besitzt den Trippel-M.S. GTI Wild, den Mega-Mörser-Monster-Schuss. Fabis Stärke ist der hasta-la-vista-bombastische-turbo-Dampfhammer-Volley.

ACHTUNG: BEI DEN PUNKTEN D, E, UND F MÜSST IHR EUCH EIGENE NAMEN, SCHIMPFWÖRTER UND EIGENSCHAFTEN AUSDENKEN. IHR DÜRFT SIE NICHT EINFACH VON DEN ECHTEN WILDEN KERLEN ÜBERNEHMEN. ODER NEIN: IHR DÜRFT DAS SCHON, ABER DANN SEID IHR NUR HALB SO WILD!

G. Euer Lieblingsessen

H. Eure Lieblingssüßigkeit

Besonders die, die ihr heimlich esst, weil eure Eltern es vielleicht nicht mögen.

I. Euer Lieblingsbuch

J. Eure Lieblingsfernsehsendungen

Die, die ihr anschaut, wenn eure Eltern dabei sind, und die, die ihr heimlich guckt oder gern sehen würdet.

K. Eure Lieblingsfilme

Hier gilt dasselbe wie bei den Fernsehsendungen und den Süßigkeiten.

L. Das Kopfgeld

Das Kopfgeld ist eine Punktesammlung. Sie zeigt den Grad eurer Wildheit. Für jeden Monat, in dem ihr ein Wilder Fußballkerl seid, bekommt ihr 50 Punkte. Für jedes Buch, das ihr von den Wilden Fußballkerlen lest, gibt es 150 Punkte. 200 Punkte bekommt ihr, falls ihr den Film gesehen habt, und jeweils 200 Punkte für jedes selbst ausgedachte Schimpfwort und jede Fußballeigenschaft. Das Wichtigste ist aber das Fußballspielen. Für jedes Tor, das ihr in einem wichtigen Spiel schießt, gibt es 100 Punkte. Für jede Vorlage zu einem Tor erhaltet ihr die selbe Punktmenge. Eine Glanzparade des Torwarts zählt 200 Punkte und ein gehaltener Elfmeter 500.
Aber das sind nur Vorschläge.
Ihr könnt euch eure eigenen Punktesysteme ausdenken.
Und am Ende jeder Woche wird euer Kopfgeld neu festgesetzt.

M. Die Wilden Taten

Hier könnt ihr die Taten aufzählen, die ihr zum Wohl eurer Mannschaft vollbracht habt: Felix und Leon haben die Satzung für die Wilden

Fußballkerle geschrieben. Marlon hat ihre Trikots und das wilde Wappen entworfen. Raban hat Willi im Spiel gegen die Unbesiegbaren Sieger zu den Wilden Kerlen zurückgeholt und das Fußballorakel befragt. Fabi hat Maxi von seinem Hausarrest befreit und Maxis Vater ein Angebot gemacht, das der nicht ablehnen konnte. Maxi hat sich für die Wilden Kerle geopfert und den Winter besiegt.
Auch für solche wilden Taten könnt ihr Kopfgeldpunkte bekommen. Aber über die Höhe oder Anzahl stimmen eure Mannschaftskameraden ab. Sie können am besten bewerten, wie wichtig eure Tat für euer Team war.

N. Die Wilden Eigenschaften

Raban ist treu, Marlon das Herz der Mannschaft, Fabi ist der Hakenspezialist: Diese Eigenschaften sind eure Stärken, auf die ihr stolz sein könnt. Der nächste Schritt zum Wilden Fußballkerl ist die Ausrüstung.

5. Ihr braucht einen Ball und ein Mannschaftsabzeichen.

Wenn ihr es wollt, dann benutzt die Logos, die ihr in diesem Buch findet. Damit könnt ihr das Wilde-Kerle-Logo auf euren Ball, eure Fahnen und eure T-Shirts kopieren. Dasselbe gilt für die Tattoos. Bei den Tattoos müsst ihr nur vorsichtig sein. Geht sparsam mit ihnen um, denn ein Tattoo an der falschen Stelle kann leicht albern und lächerlich wirken.

6. Die Wilde-Fußballkerle-Landkarte

Alle Wilden Kerle haben ein Land. Wie das original Wilde-Kerle-Land aussieht, seht ihr auf der Karte in diesem Buch. Für euer Wildes Land müsst ihr eine eigene Karte zeichnen. Die malt ihr entweder selbst oder ihr macht es wie bei den Steckbriefen und kopiert die Blanko-Vorlage von S. 105 raus oder ihr scannt sie ein.

Dann zeichnet ihr die wichtigsten Orte mit ihren Namen ein. Hier kann es so viele Orte geben, wie ihr wollt, vier sind aber unbedingt notwendig, damit ihr ein richtiges Wildes Land habt. Und was auch wichtig ist: Jeder Ort braucht seinen Wilden Namen: Wie z.B. der Teufelstopf, Camelot, die Alte Holzbrücke über dem Kanal, die Wiese am Fluß, die Magische Furt, der Wilde Wald oder die Graffiti-Burgen. Folgende vier Orte braucht ihr für euer Land auf jeden Fall:

A. Ein Stadion

Die Wilden Kerle haben den Teufelstopf, ihren Bolzplatz. Es kann aber auch eine Wiese im Garten oder ein anderes freies Feld sein.

B. Eine Vereinszentrale

Die Vereinszentrale der Wilden Fußballkerle ist Camelot, ihr Baumhaus. Ein Dachstuhl, ein Schuppen oder eine Höhle eignen sich aber genauso gut.

C. Ein Geheimversteck

Fabis und Leons Geheimversteck ist zuerst die Geheimhalle und dann der unterirdische Hangar mit der P 51 Twin Mustang darin.

D. Einen Mutproben-Ort

Im zweiten Band springen die Wilden Kerle zum Beispiel von einer Brücke in den Kanal. Im Film springen sie von der Höllenmonsterklippe. Dieser Mutproben-Ort muss echt sein. Und damit sind wir bei der siebten Bedingung, die ein Wilder Fußballkerl erfüllen muss.

Ja, und jetzt wird es ernst. Die letzten beiden Punkte dieser Anleitung, Punkt 7 und 8 sind brenzlig, gefährlich und unwiderruflich.

7. Eine Wilder Fußballkerl muss eine Mutprobe bestehen

Eine Mutprobe muss sein. Aber damit euch nichts passiert, mache ich euch jetzt vier Vorschläge. Wisst ihr, bei einer Mutprobe geht es nämlich nicht darum, dass ihr etwas tut, was gefährlich ist. Das wäre dumm. Eine Mutprobe muss so sein, dass euch dabei nichts passieren kann. Ihr dürft nämlich nicht die Angst ignorieren, die euch vor Dummheiten beschützt. Ihr müsst die Angst besiegen, die euch davon abhält, zu wachsen.

Also:

A. **Ein Sprung vom Dreimeter- oder Fünfmeter-Brett ist eine echte Mutprobe.**

B. **Geht im Dunkeln allein mindestens 500 Meter durch den Wald. Aber erst nachdem ihr euch Gruselgeschichten erzählt habt!**

C. **Guckt euch einen Gruselfilm an und bleibt eine Nacht ganz allein im Keller oder zeltet allein im Garten.**

D. **Geht in mindestens zehn Geschäfte und versucht einen Sponsor für eure Mannschafts-Trikots oder -T-Shirts zu bekommen. Seid ihr erfolgreich, könnt ihr natürlich aufhören. Dann müsst ihr keine weiteren Geschäfte abklappern.**

Jetzt kommt der achte und letzte Schritt zum Wilden Kerl und den sollt ihr euch ganz genau überlegen. Lest deshalb alles ganz genau durch, bevor ihr ihn wagt:

8. Der Wilde Pakt

Hier geht es um euren Spielervertrag mit der Satzung. Dabei könnt ihr euch an der Vorlage (auf S. 103) orientieren, ihn selber malen oder kopieren. Wichtig ist, dass der Spielervertrag geheimnisvoll aussieht, zum Beispiel wie ein Piratenschatzkartenplan. Wie bei jedem Vertrag gibt es auch beim Wilden Pakt Regeln, die man unbedingt einhalten muss. Diese Regeln sind eure Satzung. Die Regeln eures Teams und die der echten Wilde Kerle. Leon und Felix haben sie festgelegt und sie sind unumstößlich und wild. Sie lauten wie folgt:

I. Sei wild!
II. Alles ist gut, solange du wild bist!
III. Gib niemals auf!
IV. Einer für alle und alle für einen
V. Wer die Wilden Kerle jemals verlässt, der ist ein Verräter.

Diese fünf Punkte müssen auf euren Vertrag – und dann müsst ihr ihn unterschreiben. Am besten mit eurem Blut. Ritzt euch in den Finger und drückt ihn auf das Papier. Ein Fingerabdruck ist die beste Unterschrift, die es gibt. Aber ihr könnt auch euren Namen draufschreiben und wenn ihr kein Blut nehmen wollt, dann tut es natürlich auch blutrote Tinte.

ACHTUNG: ABER BEVOR IHR DAS TUT, ÜBERLEGT EUCH DAS GUT. DENKT VOR ALLEN DINGEN ÜBER DEN FÜNFTEN PUNKT NACH. DER IST ECHT HART.

Aber wenn ihr den Wilden Pakt unterschreibt, dann heißen euch alle Wilden Fußballkerle der Welt willkommen und grüßen euch mit ihrem Gruß:

Alles ist gut, solange du wild bist!

So. Jetzt habt ihr's geschafft. Ihr seid gefährlich und wild. Und damit ihr auch ganz genau wisst, was das für euch bedeutet, hab ich dieses Ende geschrieben. Wild und gefährlich sein heißt nämlich nichts anderes als:

– **Dass man sich immer traut, alles zu sagen, was man glaubt oder denkt, auch wenn die ganze Welt anderer Meinung ist.** (Denkt an Felix und seine Mutter, die ein Revolverheld ist.

– **Dass man seine Träume nicht einfach nur träumt, sondern dass man für sie rackert und kämpft.** (Denkt an Willis hartes Training mit den Wilden Fußballkerlen auf der Wiese am Fluss vor dem Spiel gegen die Unbesiegbaren Sieger.)

– **Dass man nicht aufgibt, nur weil man kritisiert wird, oder weil man eine Phase hat, in der einem überhaupt nichts gelingt.** (Denkt an Vanessa und wie sie es den Wilden Kerle beweist, dass sie zu ihnen gehört.)

WILDES ENDE

– Dass man Angst haben darf und Schwächen. Denn Angst hält einen hellwach und nur wenn man seine Schwächen erkennt und trainiert, kann man besser werden und wachsen.
(Denkt an die Horrorgruselnacht von Maxi, in der er seine Gummibeine verliert und den Trippel-M.S. bekommt.)

– Dass man neugierig ist und sich traut, sich dem Unbekannten zu öffnen.
(Denkt an Fabi, den schnellsten Rechtsaußen der Welt, und wie er mit den Bayern trainiert.)

– Dass man vorsichtig ist.
(Denkt an Plan A und Plan B.)

– Dass man zu dem steht, was man tut, auch wenn es absolut falsch war. Denn Fehler machen darf jeder.
(Denkt an Juli „Huckleberry" Fort Knox, der die Wilden Kerle an den Dicken Michi verrät.)

– Dass man stark genug ist, um seine Fehler wieder gut machen zu können und anderen zu vergeben.
(Denkt an Fabi und Leon, als Fabi heimlich zu den Bayern geht, oder an Raban, den Helden, nachdem Leon ihn aus der Mannschaft geworfen hat.)

– Und dass man sich durch nichts einschüchtern lässt.
(Denkt an Giacomo Ribaldo und an das, was er anfangs von den Wilden Fußballkerlen denkt.)

So, ich glaub, das reicht aus. Jetzt wisst ihr Bescheid. Nur eins noch, das ist sehr wichtig: Solange ihr stark seid, solange ihr euch spürt und solange ihr stolz auf das seid, was ihr tut und ihr euch für nichts schämen müsst, solange seid ihr wild: gefährlich und wild!

Damit du dein Wildes Sternzeichen zusammen-stellen kannst, findest du hier die chinesischen und indianischen Sternzeichen.

Chinesische Sternzeichen

06.02.1989 – 26.01.1990	Schlange
27.01.1990 – 14.02.1991	Pferd
15.02.1991 – 03.02.1992	Ziege
04.02.1992 – 22.01.1993	Affe
23.01.1993 – 09.02.1994	Hahn
10.02.1994 – 30.01.1995	Hund
31.01.1995 – 18.02.1996	Schwein
19.02.1996 – 06.02.1997	Ratte
07.02.1997 – 27.01.1998	Büffel
28.01.1998 – 15.02.1999	Tiger
16.02.1999 – 04.02.2000	Hase
05.02.2000 – 23.01.2001	Drache
24.01.2001 – 11.02.2002	Schlange
12.02.2002 – 31.01.2003	Pferd
01.02.2003 – 21.01.2004	Ziege
22.01.2004 – 08.02.2005	Affe
09.02.2005 – 28.01.2006	Hahn
29.01.2006 – 17.02.2007	Hund
18.02.2007 – 06.02.2008	Schwein
07.02.2008 – 25.01.2009	Ratte
26.01.2009 – 13.02.2010	Büffel

Indianische Sternzeichen

22.12. – 19.01.	Schneegans
20.01. – 18.02.	Otter
19.02. – 20.03.	Puma
21.03. – 19.04.	Roter Habicht
20.04. – 20.05	Biber
21.05. – 20.06.	Hirsch
21.06. – 22.07.	Specht
23.07. – 22.08.	Stör
23.08. – 22.09.	Braunbär
23.09. – 23.10.	Rabe
24.10. – 21.11.	Schlange
22.11. – 21.12.	Elch